ラテンアメリカ民話選

ゆかいな男と女

松下直弘

花伝社

アメリカ大陸には樹齢二〇〇〇年を超える大木が何本もある。
きっと、先住民たちの文明の興亡をいくつも見つめてきたことだろう。
やがて、先住民たちはヨーロッパ人やアフリカ人と出会い、融合していくが、
その歴史も、こうした大木の前では、短い時間のできごとなのだ。
木々の中には、もしかしたら、そういう遠い日々の記憶を
今も忘れずにとどめているものがあるかもしれない。
実際、ラテンアメリカのあちこちでは、枝振りのよい樹木の下に座ると、
いつのまにか眠ってしまい、夢の中で未知の世界に旅することがあるという。
あるときはマヤの地を歩き、あるときはアンデスの山々に飛び、
あるときは密林の中を流れる川を下り、
またあるときは平原で夜空を眺める、といった具合に……
それに、太陽の光をいっぱい浴びた温かい木肌にもたれ、目を閉じれば、
空の冒険家コンドルや海の旅人ウミガメ、
さらに地を這うトカゲやイグアナたちのみやげ話まで
聞こえてくるかもしれない。

ゆかいな男と女　ラテンアメリカ民話選

もくじ

Ⅲ　ゆかいな男と女

Ⅳ　悪魔の恩返し

Ⅴ　どこかで聞いたような

I

精霊たちが現れて

愚かで賢いマイチャクの物語

南米北部の先住民ペモンの人たちは、昔からたくさんの話を語り伝えている。その中の登場人物のひとりマイチャクは、愚か者かと思えば賢く、怠け者かと思えば働き者というユニークな性格を持っている。およそヒーローになれそうもないマイチャクが、今度はどんなことをしでかしてくれるのか、集まった人たちはわくわくしながら、語り部の話に耳を傾けたことだろう。

むかしむかし、人間が霊山アウヤン・テプイの麓《ふもと》に住んでいたころ、マイチャクという名の男がいた。

マイチャクはほんとうに何もできない男だった。魚を釣ることも、狩をすることも、かごを作ることもできなかった。釣り針や魚網、弓矢を貸してもらって、漁や狩に出かけても、いつも手ぶらで帰ってきた。

だから、奥さんも奥さんの兄さんたちもすっかりあきれてしまい、マイチャクはもうだれからも相手にされなくなっていた。

ある日のこと、川に出かけたが、何も釣れないから、マイチャクはしょんぼり座って川面を見つめていた。すると、突然、とてもかわいらしい小人が水面から顔を出してこう尋ねた。

「マイチャク、どうしたのだね？　なぜ魚を捕まえないんだ？」

マイチャクは驚いて、一瞬自分の目がどうかなってしまったかと思ったけれど、「どうしてって、おいら魚の釣り方を知らないんだ」と答えた。

すると、小人はにっこり笑ってこう言った。

「心配するなよ。このたらいを貸してあげよう。これに水を汲《く》めば、川の水が引くから、好きなだけ魚を捕まえられる。だがな、たらいの真中の線までしか水を汲んではだめだ。それ以上入れると、逆に水かさが増して、川が氾濫するから気をつけるんじゃぞ。それからもうひとつ。このことは秘密にしておくんだ。だれにも見られないようによく注意してな」

マイチャクは川の男に言われたことを思い出しながら、そうっとたらいを川に入れてみた。するとどうだろう。瞬《またた》く間に水が引いて、素手《すで》でも簡単に魚をつかめた。

その日、両手に抱えられないほどたくさんの魚を持って帰ったマイチャクを見て、村のみんなは目を丸くした。お裾分けにあずかった義兄たちは不思議がって、マイチャクがいったいどうやって魚を手に入れたか聞き出そうとした。だが、マイチャクは、「おいら朝から一匹ずつ釣って、気がついたらこんなにたくさんの数になっていたのだよ」と説明するばかりだった。

次の日、義兄たちはそっとマイチャクのあとをつけて、彼のしぐさを遠くから観察していた。

「なるほど。そういうわけだったのか」

そして、ある日マイチャクが出かけたすきに、彼らは家からたらいを持ち出すと、早速たらいの不思議な力を試そうとした。

少し水を汲むとたちまち川の水が引いた。そこで、うれしさのあまり、たらいになみなみと水を入れてしまったのだ。すると、あっという間に水かさが増し、義兄たちもたらいも川の流れに飲み込まれてしまった。幸い大きな木の枝が何本か流れていたので、それにつかまって彼らは助かったが、魔法のたらいはどこにも見当たらなかった。

たらいを失ったマイチャクは、またもとのマイチャクに戻ってしまった。漁に行っても狩に出かけても何も捕れないから、ぼんやり空を眺め、雲の行方を目で追いかけていた。

ある日、マイチャクは森に行き、木の下に座って休んでいた。すると、どこからともなくマラカスを持ったリスが現れ、不思議な歌を歌い始めた。

「鳴らす鳴らすマラカスを　ペッカリーの現れる
鳴らす鳴らすマラカスを　出てくる出てくるペッカリー」

リスはマラカスを三度鳴らし、同じ歌を三度繰り返した。

すると、突然地響きとともに、ペッカリー（イノシシに似た動物）の群れが現れ、そのまま木立の中を走り去った。マイチャクは、ああ、弓矢があれば……と思ったが、今はどうする術《すべ》もなく、呆然として見送った。

次の日、マイチャクはまた森に出かけた。あのリスの持っていたマラカスがどうしても欲しくなったのだ。

昨日と同じ木の下に座って待っていると、はたしてリスが現れた。マイチャクはそっとリスの後ろにまわると、持っていたマラカスを奪ってしまった。

「どうしてマラカスを取るんだい？」

怒ったリスは言った。

「ごめんよ。おいら今どうしてもこれが必要なんだ。これでペッカリーを捕まえたいんだ」

「じゃあ、おじさんに貸してあげるよ。だけど、注意するんだよ。そのマラカスは続けて三度鳴らすんだ。それ以上鳴らすと、ペッカリーが持っていってしまうからね」

マイチャクはリスにお礼を言って別れた。そして、忘れないように、「三度、三度……」

とつぶやいた。

その日、重いペッカリーを引きずりながら帰ってきたマイチャクを見て、村の人たちはまた目を丸くした。義兄たちは、これにはきっと何かわけがある、と考え、次の日の朝からマイチャクの様子を観察した。

マイチャクは森に入ると、隠していたマラカスを取り出し、歌い出した。

「鳴らす鳴らすマラカスを　ペッカリーの現れる
鳴らす鳴らすマラカスを　出てくる出てくるペッカリー」

すると、たちまちペッカリーの群れが現れた。

木の後ろに隠れて見ていた義兄たちは、マイチャクがペッカリーを一匹仕留めた後、木の洞《ほら》にマラカスをしまうのも見逃さなかった。そして、マイチャクが帰った後、早速マラカスを取り出し、さっきのまねをして歌い出した。ところが、マラカスを続けて四度も五度も振ったものだから、ものすごい地響きとともにペッカリーの大群が押し寄せ、あっという間にマラカスを奪って去っていった。

義兄たちは顔中傷だらけになり、痛む手足をさすりながら村に帰った。

次の日から、マイチャクはまた寂しそうな表情を浮かべて帰宅するようになった。いくら探しても、あのマラカスを見つけることはできなかった。再び、手ぶらでぼんやりと帰るマイチャクに戻ったのである。

ある日、マイチャクはさらに森の奥に入り、大きな木の下で休んでいた。すると、目の前にサルが現れた。サルは近くの木の枝にひょいと腰掛けると、どこに持っていたのか、くしを取り出し、髪をとくしぐさをした。すると、突然、四方八方からいろいろな鳥が飛んできて、サルのいる木の枝にとまった。

マイチャクはしばらくこの様子を観察していたが、やがて鳥たちが空に飛び立つと、サルのところに行って頼んだ。

「ねえ、お願いだからそのくしを貸してくれないか？」

「いや、だめだよ。このくしは一本しかないからね」

「そんなこと言わずに頼むよ。それさえあれば、鳥を捕まえられる」

マイチャクが真剣な表情でなおも哀願するので、しまいにはサルも根負けした。

「じゃあ、仕方ない。貸してやろうか。だけど、よく気をつけるんだよ。三度までしか、くしを当ててはだめだよ。でないと、鳥たちに奪われてしまうからね」

マイチャクはサルによくお礼を述べて、くしを受け取った。

その日、何羽もの鳥を引きずるようにして帰ってきたマイチャクを見て、村の人たちは久しぶりに目を丸くした。

もちろん、義兄たちは今度もきっと何かわけがあるに違いないと思ったから、次の朝、マイチャクのあとをつけて森に入った。そして、マイチャクが持っていた袋からくしを取り出し、髪をとかすしぐさをするのを見ていた。すると、たちまち、たくさんの鳥が飛んできて、マイチャクの周りにとまった。

その夜、義兄たちはマイチャクが眠ったのを確認すると、彼の袋からくしを盗み出してしまった。そして、明日からは獲物をいただきだと思うと、すっかりうれしくなり、夜が明けるのが待ち遠しくて仕方なかった。

次の日、義兄たちはくしを持って森に出かけ、髪をとかすしぐさをした。三度どころか、四度、五度と何度もくしを当ててしまった。すると、四方八方から鳥の群れが集まり、彼らの頭上を舞うと、あっという間にくしを奪っていってしまった。

義兄たちは、あまりの恐ろしさに気絶してしまい、気がついたときには、顔も手も血だらけになっていた。

またしても大事な道具をなくされたマイチャクは、さすがに腹を立て、義兄たちのいない土地へ出かける決意をした。

どこへ行ったかって？　地の果て、日の沈む地平線の彼方《かなた》まで行ったという人もいれば、天まで昇ってしまったんじゃあないかと言う人もいる。また、帰ってきたマイチャクの姿を見かけたなんて言う人もいた。とにかく、どこかでのんびりしながら、また何かいいことが起きるのを待っていることだろう。

魔法の杖《つえ》

昔話には、馬鹿正直な男もよく出てくる。正直すぎると世渡りもむずかしそうだが、「正直の頭《こうべ》に神宿る」で、そんな人には救いの手が差し伸べられるのだ。さあ、メキシコのペドロはどんな体験をするだろうか。

むかしむかし、あるところに、しっかり者のおかみさんと、お人よしだがちょっと抜けたところのある一人息子が住んでいた。

ある日、台所で火を使おうとしたが、薪《まき》が足りないことに気づいたおかみさんは、息子を呼んで言った。

「ペドロ、近くの森の木を切って、薪を作っておくれ。これでは、今日食べる料理もできないからね」

ペドロは、母親に言われたとおり斧《おの》を担いで森に出かけると、よく乾燥している木を選んで斧を当てた。

一回、二回、三回、斧が幹に当たるたびに、乾いた音が森の中に響いた。

すると、木の上から突然声がした。

「おい、おい、何をするんだ！　ここは僕のねぐらだぞ」

ペドロが手を休めて見上げると、ドゥエンデ、そう、妖精のようにかわいい小人が枝の上で寝そべっていた。

「君、ここに住んでいるの？」

「そうさ、ご覧のとおり、この木が僕の家のようなものだ。だから、切り倒してもらっては困る」

「そうは言っても、おいらは木を切って薪を作らなければならない」

「木なら他にもたくさんあるじゃないか」

「でも、この木がいいんだ。もう選んじゃったんだから」

「強情だな。じゃあ、こうしよう。この布をあげるから、木を切るのはあきらめてくれないか？」

「おいらは布を取りにきたんじゃなくて、木を切りにきたんだけど」

「これは、布と言っても魔法の布だ。テーブルの上に置いて、『布よ布、ごちそうを出してくれ』と唱えれば、そのとき食べたい料理が何でも出てくるんだ」

「そりゃあ、すごい。ありがとう」

ペドロは少しもためらうことなく布を受け取ると、急いで家に帰った。

「ペドロ、薪はどこなの？」

「そんなものいいんだ、母さん。怒らないで見ててよ」

ペドロはテーブルに布を載せると、「布よ布、ごちそうを出してくれ」と大きな声で唱えた。

すると、どうだろう。ペドロの食べたかった大きな七面鳥やら、焼いたばかりのパンやら、特大のケーキが並んでいた。

おかみさんは夢でも見ているのではないかと、目をこすった。

「まあ、すばらしい！　こんなごちそうを見るのは何年振りかしら」

親子は満面に笑みをたたえて食卓についた。

日曜日の朝は、二人とも教会のミサに出かけることになっていた。留守になるので、ペドロは布を持って外に出たが、落としそうで心配になってきた。そのとき、ちょうど親戚の家のそばを通ったので、預かってもらうことにした。

「ミサから帰るまでこの布を預かってくれませんか？　でも、テーブルの上に置いて、『布よ布、ごちそうを出してくれ』と唱えないでくださいね」

親戚の者は愛想よく布を受け取ったが、ペドロが玄関を出るやいなや、「布よ布、ごちそうを出してくれ」と唱えてしまった。

すると、テーブルの上には、豪華な料理が山のように並んでいた。

「これはすごい！　この布はうちでいただいて、ペドロにはよく似た布を渡しておこう」

親戚の家ではそんな相談をした。

帰りに寄ったペドロはつゆほども疑わず、すり替えられた布を受け取って家に戻った。

さて、お昼はどんなごちそうにしようかと、ペドロは頭の中に食べたいものをあれこれ思い描いていたが、やがてテーブルの上に布を置きながら言った。

「布よ布、ごちそうを出してくれ」

ところがどうしたことだろう。何も出てこない。そこで、布のしわを伸ばして、もう一度唱えてみた。

「布よ布、ごちそうを出してくれ」

それでも、何も出てこない。

「ははーん、これは一度使ったら魔法が切れてしまう安物だったのか」

ペドロは腹を立てて森に行き、ドゥエンデの住む木の幹に斧を当てた。

すると、いい気持ちで昼寝をしていたドゥエンデは、あわてて飛び起きた。

「おいおい、何をする。もうこの木は切らないという約束だったじゃないか」

「布はもう役に立たないぞ。おかげで、おいらは腹ぺこだ」

「そんなはずはないがなあ。では仕方ない。そこに牛がいるから連れて帰ればいい。背中を三度叩《たた》くと、お尻からコインが出てくる魔法の牛だ」

ペドロは牛を受け取ると、目を輝かせて家に帰った。

「母さん、いいものをもらってきたよ。ほらね」

ペドロが牛の背中を三度叩くと、ドゥエンデの言ったとおり、お尻から何枚ものコインが出てきた。

次の日曜日、二人はいつものように教会のミサに出かけた。ペドロは親戚の家で牛を預かってもらうことにした。

「帰りにまた寄りますから、それまでお願いします。牛の背中を三度叩かないでくださいね」

ペドロがまだ教会に着かないうちに、親戚の家ではもう相談が始まった。

「牛の背中を三回叩いてみようか？」

「やってみよう」

すると、牛のお尻からコインが出たから、みんなうれしくなってしまい、もう一度試してみたが、やはり期待どおりいい音を立ててコインが床に散った。それから市場に出かけると、そっくりの牛を買ってきたのである。

さて、ペドロは預けた牛を連れて家に帰ると、早速牛の背中を三度叩いた。しかし、何も出てこない。変だなと思ってもう一度試してみたが、牛は尻尾を振るばかりで何も変わったことは起きない。

「ははーん、魔法は一回しか使えないのか」

またしてもペドロはがっかりして、森に行き、例の木の幹に斧を当てた。

「おいおい、何をする。この木は切らない約束だったじゃないか」

「あの牛はもういくら叩いてもコインを出さないぞ。だましたな」

「だましてなんかいないさ。もしかして、だれかに牛を見せなかったかい？」

ペドロは、しばらく考えていたが、ふと思い当たって言った。

「そう言えば、布も牛も親戚に預けてから魔法が使えなくなったようだ」

「きっと、すり替えられたのさ。じゃあ、この杖をあげよう。杖に向かって『杖よ、働け』と言った者にはこの杖が襲いかかって体を打ち始める。間違って自分がぶたれないよう気をつけるんだよ。止めたいときは、『杖よ、鎮《しず》まれ』と言えばいい」

ペドロは、ドゥエンデによくお礼を言って家に戻った。次の日曜日が楽しみだった。

日曜日の朝、親子はいつものようにミサに出かけた。ペドロは親戚の家に寄ると、杖を預かってもらうことにした。

「杖に向かって『杖よ、働け』なんて言わないでくださいね」

しかし、ペドロが行ってしまうと、親戚の家中がみんな集まり、杖に向かって元気よく声をそろえて言った。

「杖よ、働け！」

すると、杖は片っ端からポカポカとみんなの頭を叩き始めた。逃げ惑う人たちを追いかけながら、次は背中、次は腰、……とぶち始め、机の下に隠れてもどこに隠れても執拗《しつよう》に追いかけた。

こうなったら早くペドロが杖を取りにきて欲しいと、みんな思ったが、その日に限ってなかなかペドロは現れなかった。

こうして、やっとペドロが訪ねてきたときには、みんなこぶだらけ、傷だらけになっていたが、まだ杖は相手を容赦《ようしゃ》なく叩き回っていた。

「頼むから、杖を早く持って帰ってくれ。布も牛も返すから、お願いだ」

「いいでしょう。『杖よ、鎮まれ』」

こうして、ペドロは布も牛も取り返し、杖も大事に持って家に帰ったとさ。

帽子男の涙

ラテンアメリカのあちこちには、精霊が人間を好きになってしまう話が伝わっている。もともと同じ世界には住めないから、たいてい悲しい結末を迎えるのだが、ひたむきに愛する姿は、人間であろうと精霊であろうと、純粋であることに変わりはなく、多くの人が涙を浮かべながら、語り手の話に聞き入ったことだろう。

セリーナはとてもきれいな子だった。町内の人みんなが異口同音に彼女の美しさを称《たた》えた。その評判は隣の町まで、いやそれどころかセリーナが行ったこともない町にまで届いていた。

でも、彼女はけっして自惚《うぬぼ》れず、他の子どもたち同様小さいときから両親の仕事を手伝っていた。家はパン屋だったので、朝早くからパンを焼くいい匂いで目を覚まし、お客さんたちが買いに来る時刻には、セリーナが店番をした。ときには、パンを持って行って街角のスタンドで売ったり、配達することもあった。そのたびに、セリーナの可憐《かれん》な姿は人々の目に留まった。

ある日のこと、町のはずれの大きな木に、見慣れぬラバが四頭つながれているのにだれかが気づいた。ラバの背には袋がいくつか積んであった。

「これはもしかしたら、帽子男のラバかしら？」

「まあ、大変！　ほんとうにそうだったらどうしましょう」

すぐに噂《うわさ》は広がり、その夜、町の人々は、早く戸締りして、暗くなってからは娘を外に出そうとしなかった。帽子男は、顔がすっかり隠れてしまうほど大きな帽子をかぶった精霊で、何の前触れもなく現れる。精霊に娘をさらわれるのを人々は恐れていたのだ。

そんなころ、セリーナは朝からの疲れが出て、窓辺でうとうとし始めていた。すると、どこからともなく甘い調べが聞こえてきた。

「ねえ、母さん、聞いてよ。ほら美しい声で歌っているでしょう？」

「え、歌なんてちっとも聞こえてこないわよ。早くおやすみなさい」

しかし、セリーナの耳には甘美な音楽が届いていた。

白い鳩よ　小鳩ちゃん
レモンのような君だから

好きにならずにいられない
僕の呼びかけ聞いたなら
答えておくれ　そーっとね

やがて、時計の針は一一時を回ったが、耳元まで誘いかけるような甘い歌声は、ときおりセリーナに聞こえていた。

そして、次の夜も、またその次の夜も、同じような調べが聞こえていた。

セリーナはじっとしていられなくなってしまい、ある夜ドアをそっと開けると、声のほうへ近づいていった。

すると、セリーナの目の前には、やはり噂に聞いていたとおりの帽子男がいた。体の半分もあるかと思われる大きな帽子をかぶり、ギターを抱えて口ずさんでいた。

空に輝く星たちは
二つ並んで歩いてる
僕のこの目もおんなじさ
君を追いかけ、どこまでも

君といっしょさ、いつまでも

家に戻ったセリーナはその晩一睡《いっすい》もできなかった。そして、朝起きてもぼうっとしたままで、食欲もなくなってしまった。そんな様子が数日続くと、さすがに両親は心配し出し、どうしたものだろうといろんな人に尋ねた。

そして、ある日、「これは帽子男が原因かもしれないから、すぐにセリーナを遠くに連れて行きなさい」という勧めに従って、遠くの町の教会で預かってもらうことにした。

その夜も帽子男は町に現れたが、どこを探してもセリーナの姿がない。町中いくら探し回っても見つけられなかった。

レモンのような君ゆえに
あんなに慕《した》っていたものを
どうして去っていったのか
こんなに君を想《おも》うのに
どうしてつれなく消えたのか

その夜遅く、帽子男の悲しい調べを聞いた者がいたが、朝になると、帽子男もラバも姿はなく、二度と戻ってこなかった。残したのは涙のあとだけだったという。

お手伝いの得意な小人たち

メキシコ西部のハリスコ州には、ドゥエンデと呼ばれる小人の出てくる話がたくさんある。ハリスコ州の人たちは、猫の手も借りたいほど忙しいときとか、困難に直面したとき、小人たちの力を借りて問題を解決したと言われている。要するに、小人たちはとても役に立つ便利な存在だったのだ。お礼に、人々はパンとかお菓子とかお酒を持って小人たちの現れそうなところに置いてきたという。

でも、ひとつだけ困ったことがあった。あまり小人たちとつきあいすぎると、彼らはその人間が気に入ってしまい、どこへ行くにも、どんなことをするにもいっしょで、離れなくなってしまうことだった。

この話に出てくるイグナシオもそんな体験をした人だ。

あるとき、イグナシオはどうしても小人の力を借りなければできない仕事を抱え込んでしまった。そこで、おみやげを持って小人たちのいそうな場所に出かけることにした。

すると、ほんとうに小人たちが出てきて、イグナシオを助けてくれた。

はじめのうち、イグナシオは大喜びだったが、そのうち、だんだん憂鬱《ゆううつ》になってしまった。畑に種をまくときなどは助かっていいが、友達と会って話をするときも、市場で値段の交渉をするときも、小人たちはそばにいるのだ。他人にはイグナシオの連れている小人たちの姿が見えないが、彼にとっては、四六時中《しろくじちゅう》いっしょというのも何か気恥ずかしいし、気持ちが悪くなってきた。

そこで、ある日、イグナシオは小人たちに去ってもらおうと決心した。でも、どうやって追い払ったらいいのだろう。

イグナシオはあれこれ考えた末にやっといい方法を思いついた。それは小人たちの性格をよく知っているイグナシオだからできたことだ。

小人たちは強い自負心があり、任された仕事は責任を持って遂行する。そこで、イグナシオは、もしも実行不可能な仕事を頼んだら……と考えたのだ。

ある日、イグナシオは小人たちに話しかけた。

「みんな、よく聞いておくれ。あの畑の向こうにある池の水を汲んで、この水盤まで運んで来てほしいんだ。頼むよ」

こうして、イグナシオは小人ひとりひとりに小さなふるいを渡した。

やがて、池と水盤を何度も往復する小人たちの姿がいくつも見えたが、もちろんいくらがんばっても水はすぐこぼれてしまう。そのうちに、とうとう小人たちはあきらめたのか、また仕事を遂行できないことを恥じたのか、姿を消してしまった。

イグナシオは小人たちから解放されたのだ。

姿を消していく小人たち

ハリスコ州の人たちにとって身近な存在だった小人は、少しずつ姿を消し、いつの間にか見られなくなってしまったようだ。こんな体験をした人がいた。もう何年も前のことらしい。

ダムができたとき、完成祝賀パーティーが盛大に催された。おいしいご馳走《ちそう》、シャンパン、ビール、にぎやかなおしゃべり、軽快な音楽にダンス、……。集まった人々は日が暮れるまで楽しい時を過ごした。みんなが帰った後、暗くなってもまだ後片づけをし、会場の火の始末とか使った器具の点検をしていた彼は、一瞬自分の耳を疑った。遠くから、楽器の演奏が聞こえてきたからだ。もうひとり残っていた男がいたので、いっしょに音の聞こえてくる方へと歩いた。

はじめは少人数のバンド演奏かと思われたが、近づくにつれ、まるでオーケストラのような大人数で演奏していることがわかった。ときには明るく、ときにはもの悲しい音色だった。二人の男は顔を見合わせた。姿は見えなかったが、これは小人たちに違いなかった。

「残っているお酒を持ってきてあげよう、きっと喜ぶぞ」

二人がそう言って引き返そうとしたとき、突然、一斉に演奏がとぎれた。彼らははっとして、木立の向こうに視線を向けたが、ひっそりと静まり返り、なにも動く気配はなかった。

それからというもの、この地方に小人は現れなくなった。二人の男が聞いたのは、この地に別れを告げる最後の演奏だったのだろう。

II　不思議なできごと

イナゴの大群

「イナゴだ！　イナゴの大群が現れたぞ！」

こんな声を聞くと、お百姓さんたちはあわてふためく。何ヶ月もかけて育てた畑の作物が台無しになってしまうからだ。だが、もともとイナゴは畑に何も害を加えることはなかったという。ある日のふとした出来事がきっかけで、黒雲のようなイナゴの大群が農家を襲うようになったのだと、ホンジュラスの人たちは言い伝えている。


むかしむかし、農業の盛んな村があった。朝早くから日が暮れるまで、みんな汗を流してよく働いた。そうしなければ食べていけないし、それがあたりまえのことだとだれもが思っていた。だが、いくら人間が働いても作物には出来不出来がある。お天道様や雨を降らせる神様の都合で、いい年もあれば悪い年もあるのだ。

これはちょうど悪い年がやってきたときの話だ。前の年もあまりよくなかったが、その年といったら不作も不作、どうしようもない凶作になってしまった。しかし、どういうわけか一軒の畑だけトウモロコシがしっかり実っていた。そこで、村の何人かは「収穫のお手伝いをしますから、どうかトウモロコシを少し分けてください」と頼みに行った。

ところが、この男は欲の塊みたいな人間で、いくら頼まれてもそっぽをむいていた。豊作は自分の手柄で、大事な収穫を他人に譲れるか、と考えていたのだ。それに、「情けない顔をしたやつらを自分の畑に入れたら縁起がよくない」などと言い出す始末だった。

そうしているうちに、いよいよ取り入れの日がやってきた。男が畑に出てみると、何とももやせ細った顔色のよくない女が立っていた。そして、「だんな様、ほんのちょっぴりで結構ですから、トウモロコシを分けてください。来年きっとお返ししますから」と、消え入るような声で頼んだのだ。

もちろん、男はこの女の言うことに耳を傾けなかった。すぐにも仕事に取り掛かろうとした。すると、悲しみに耐えられなくなったのか、女はわっと泣き出してしまった。まるで、何日も何週間も何ヶ月もこらえていた涙が一度に流れ出したような泣き方だった。女の目からは次から次へと涙があふれ出し、止まることがないようだった。そして、さらに不思議なことが起きた。涙のしずくが地面に落ちるたびに、そこからイナゴが飛び出したのだ。一匹また一匹とイナゴはトウモロコシ畑に入っていった。そして、瞬《またた》く間に畑はイナゴの大群で覆《おお》い尽くされてしまった。

畑の主は、恐ろしさのあまり顔を引きつらせて、この光景を見ていた。
それ以来、この土地はときどきイナゴの集団に襲われるようになったということだ。

オルメド街の謎

植民地時代のメキシコシティは、今と違い、夜になると明かりも少なく、不気味なほどしんと静まり返っていた。そんな街に足音がこだますれば、人々は家の扉や窓がしっかり閉まっているか確認し、足音が遠ざかるのを祈るような思いで待つのだった。

ある寒い夜、もう街の人たちがベッドに入ってうとうとし始める時刻、大聖堂での一日の勤めを終えて、修道院に戻る神父の姿があった。その日は朝から忙しく、帰りが遅くなっていた。ロザリオを手に持ち、小声で祈りの言葉を口ずさみながら歩いていた。角を右に曲がったとき、突然何者かに呼び止められた。

「神父様、神父様！　お待ちください」

声の方を振り向くと、道の反対側から走ってくる男の姿があった。

「神父様、妹が今にも事切れそうなのですが、告解《こっかい》を聞いてやってくださいませんでしょうか？」

寒さと疲れを感じていた神父は、一瞬躊躇《ちゅうちょ》したが、「いいでしょう」と答えた。

二人は狭い路地をしばらく歩き、やがてオルメド街の古い建物の前に出た。男が扉《とびら》を開けて先に進み、神父はあとについていった。中は長い間換気していないのか、湿った空気が漂っていた。部屋に案内されて入ると、男の妹らしい女性がベッドに横たわっていた。まだ若く、透き通るような白い肌をしていた。病人とは言え、身につけている衣服はかなり高価なものだった。ただひとつ神父が奇妙に思ったのは、ずっと祈る姿勢で両手を合わせたまま、身動き一つしないことだった。

「神父様、わざわざお越しくださいまして、ありがとうございます」

消え入るような声で彼女は言った。

こうして、神父は彼女の告解を聞き、男に見送られてオルメド街の古い建物をあとにした。

それから、自分の修道院に向かって歩き始めたが、一ブロックも進まないうちに、突然悲鳴が聞こえた。先ほどの建物からに違いなかった。神父はあわてて引き返し、建物の扉を叩いた。しかし、返事はなく、いくら押しても扉は固く閉ざされたままだった。何もなかったかのようにあたりはひっそりとしていた。

神父は自分の空耳だったかと思い、また歩き出したが、ふとロザリオがないことに気づいた。女の枕元に置き忘れたのに違いなかった。もう一度引き返し、扉を叩いた。大声で呼んでもみたが、中から何の返事もなかった。

その夜、神経が高ぶって一睡もできなかった神父は、次の朝早く警官を呼ぶと、オルメド街の家まで同行してもらい、扉をこじ開けてもらった。二人が中に入ると、何と部屋のベッドに横たわっていたのは、白骨化した女性の姿で、両手はしっかり合わせたままだった。そして、枕元には、昨夜神父が置き忘れたロザリオがあったのだ。

近所の人の話では、ここは何年も前からだれも住む者がなく、忘れられた廃屋《はいおく》になっていたという。

マニラからメキシコへ、メキシコからマニラへ

一六世紀から一九世紀にかけて、フィリピンのマニラとメキシコの太平洋岸の港町アカプルコの間は、毎年船が行き来し、盛んに貿易が行われていた。当時、フィリピンもメキシコもスペイン王室の統治下にあったため、乗船者の中には、聖職者、官吏、兵士などの姿も見られた。次のエピソードは、この時代に起きたと伝えられる話の中でも特に謎に満ちたものである。

一五九三年一〇月二五日の朝、メキシコシティの中央広場（ソカロ）に、見慣れぬ格好をした兵士が立っていた。

銃を肩に担ぎ、不思議なまなざしで往来の人々を眺めていたこの兵士は、まぎれもなくフィリピン駐在の兵士の姿であった。

兵士の語ったところによると、その前夜、彼はマニラ市内で歩哨《ほしょう》に立っていたが、気がついてみると、いつのまにかメキシコシティの中央広場に来ていた。兵士自身も、どうして自分が今メキシコにいるのかわからなかった。

そして、驚いたことに、兵士の語ったマニラの近況、フィリピン総督の突然の死の知らせは、それから何ヶ月も後になってメキシコに届いたのである。

けっきょく、この兵士は再びアカプルコの港から帆船に乗り、マニラに戻っていったのであるが、まだ電報も電話もファックスもなかった時代に、メキシコの人たちは、太平洋の彼方の事件を二四時間経たないうちに聞くという、きわめて珍しい経験をしたのであった。

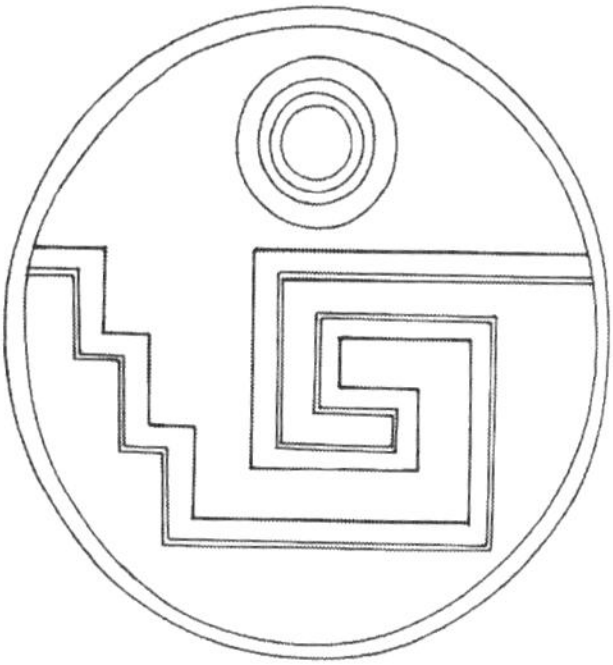

コルドバの女

コルドバと言うと、イスラム文化が花開いた南スペインの都市を思い浮かべるのが普通だが、同じ名は、一七世紀初頭、メキシコのベラクルスの近くに建設された町にもつけられた。

南から熱く湿った空気が流れ込み、ほどよい雨量にも恵まれたこの地は、味覚をそそるマンゴーや香りの良いフトモモの実がなり、コーヒー農園が広がる町になった。また、町のあちこちには色鮮やかな草花が咲き匂い、コルドバの美しさを引き立てている。


今から何世紀も前のこと、このコルドバの町に、たいへん美しい女が住んでいた。不思議なのは、何年経っても、まるで年を取らないかのように若々しく美しいことであった。

彼女がどこから来たのか、いったいだれなのか、名前すら本当のところはだれも知らなかった。彼女は妖術《ようじゅつ》使いだと言う者もいれば、呪術師《じゅじゅつし》だと言う者もいた。また、ときおり悪魔が彼女の家を訪れるに違いない、深夜、家の窓から不気味な光が放たれることがある、などと言う者まで現れた。さらに、あれは魔女だろう、夜中に屋根の上を飛んでいく、という噂も流れたことがあった。

美しさに引かれて言い寄ってくる男も多かったが、彼女は常に素《そ》っ気《け》なくあしらっていた。このため、彼女の奇行を捏造《ねつぞう》して言い触らす者がいたとしてもおかしくなかった。

一方、この女を頼って訪れる者の数も少なくなかった。恋愛問題で一人悩み続ける若者、仕事に行き詰まった商人、家庭内のいざこざで心を痛めた老人、……とさまざまな問題を抱えたいろいろな人たちがコルドバまで足を運んだのである。

いつしか彼女は「コルドバの女」と呼ばれるようになり、その評判は口づてに広まっていった。それが呪術だったのか、超能力だったのか、だれにもわからなかったが、訪れた者はいずれも満足する結果を得て帰っていったという。

ところが、そんなある日、人々が驚いたことに、「コルドバの女」はメキシコシティの異端審問所《いたんしんもんじょ》に連れていかれた。魔女という疑いをかけられたのであろうか。その美しさや能力を妬《ねた》んだ何者かが、密告したのであろうか。とにかく、裁判は短時間のうちに進められ、有罪の判決が下されたのである。

そして、とうとう刑の執行の日がやって来た。あと数時間のうちに町の広場に連れていかれ、処刑されるというのに、「コルドバの女」は悠然《ゆうぜん》としていた。

独房の前を通りかかった看守は、不憫《ふびん》に思い、こう話しかけた。

「早く悔い改めていたら、命だけは助かっただろうにねえ……」

すると、中から女の声がした。

「ねえ、看守さん、これを見てくださいな」

不審に思った看守が中をのぞくと、壁に船の絵が描かれていた。

「何が足りないかしら？」

「マストがないな」

「じゃあ、今度はどうかしら？」

「マストに帆が必要だな」

「これでもまだ足りないかしら？」

「帆船《はんせん》は描けたが、止まったままだ。あとは動くことだな」

「そうね。おっしゃるとおりね……」

こう言うと、女は軽々と船に乗るしぐさをした。そして……

看守は大きく目を見開いたまま、あっけに取られ、何も言葉が出てこなかった。

船に乗った女がハンカチを振るしぐさをすると、船はゆっくり進み出し、やがてみるみるうちにスピードを上げると、壁の中に吸い込まれるように消えてしまったのである。

その後、女の行方《ゆくえ》はだれにもわからなかった。アカプルコの港からマニラに向かう船の中に、彼女の姿を見かけたという者もいた。

インカの金細工師

インカ帝国の黄金がまだどこかに眠っているのでは、と考えて探索の旅に出た人はどんなに多かったことだろう。いや、今でも黄金発見の見果てぬ夢を見続けている人は少なくないのだ。

むかしむかし、ある農村に三人兄弟がいたが、とても貧しく明日の食べ物にも困るようになってしまったので、町に出て働くことにした。リマという大きな町には、立派な聖堂があり、その祭壇は金や銀でできているという話を聞いたことがあったので、そこに行けば、きっと仕事が見つかると思ったのである。

最初の夜は、三人ともそろって旅の途中の宿で過ごした。ところが、次の朝、末っ子のエミリアーノが目を覚ますと、兄さんたちの姿が見えない。兄たちはいつまでも弟の面倒をみるのが嫌になってしまい、置き去りにしたのである。

いつも兄たちにいじめられているエミリアーノは、一人になるとかえって晴れ晴れした気分になって、近くの小さな町に落ち着くことにした。そこには、エミリアーノがそれまで見たこともないいろいろな職人がいたが、彼は特に細工職人の仕事に心をひかれた。子どもが喜ぶおもちゃから、宝石のついた装飾品まで、何でも自分の腕次第で作ることができるのだと思うと、楽しくてたまらなかった。

こうして、何年かが過ぎ、エミリアーノは一人前の細工職人になっていた。ある日、リマの町でもっと立派な金銀細工を見てみたくなった彼は、リマまで荷を運ぶ一行について行くことにした。

そして、リマに着くと、まず聖堂に入り、金銀をふんだんに使ったその豪華な内部装飾に目を奪われた。それから、金銀細工の店や工房を訪れては、雇ってくれないかと聞いたが、どこでも一様に断わられてしまった。

すっかり気落ちしたエミリアーノは、次の日、帰途についた。やはり、自分には山村で静かに暮らすのが向いているのだと、自らを慰めながら、とぼとぼと歩いていた。ぼうっとしていたためだろうか、気がつくと、見知らぬ山道に入っていた。しんと静まり返り、人っ子一人いない風景がどこまでも続いていた。しかし、昔から人が歩いてきたに違いないと思われる道らしい道はずっと伸びていて、何か安心感を与えてくれた。

やがて日が暮れるころ、エミリアーノは足元にきらりと光るものを見つけた。手に取ってみると、金のかけらだった。エミリアーノが、これにどんな細工が施せるだろうかと考えていると、白い着物をまとった男が突然すうっと目の前に現れた。エミリアーノは、恐ろしくなり、とっさに逃げ出そうとした。明らかにこの世の人ではなかった。

「待ちなさい。私はインカの総督の一人だ。ここで、白人たちに見つからないよう、インカの財宝を守ってきた。おまえが信頼できる人間と見込んで頼みがある。神々を称《たた》えるわれわれの心を、金銀の中に刻んでほしいのだ。もちろん、仕事に必要な材料や道具はそろえてある」

エミリアーノは、言われるままに洞窟に案内され、次の日から夢中で働き出した。仕事をすればするほど、エミリアーノの腕は冴え、精巧な仕上げができるようだった。

こうして、仕事が完成したとき、再び、インカの総督が目の前に現れて言った。

「よくできた。お礼にこの人形を授けよう。エメラルドの目をこすれば、何でも願いがかなうだろう」

気がつくと、エミリアーノは金のかけらを見つけた道に出ていた。まるで、それまでの何日かが夢のようであった。早速、彼はエメラルドの目をこすり、「リマの町に自分の工房を持たせてください」とお願いした。

すると、ほんとうにそのとおりになってしまった。その日からエミリアーノは、自分の好きな作品をどんどん作り始め、たちまちリマ中で評判になった。

そんなある日、みすぼらしい姿の二人連れが訪ねてきた。よく見れば、何年も前に別れた兄たちだった。エミリアーノは再会を喜び、厚くもてなした。ところが、相変わらず兄たちの性格は変わらず、弟から小遣いをもらうたびに遊蕩《ゆうとう》に耽《ふけ》り、すぐ一文無しになってしまった。そして、さらに悪いことに、エミリアーノの持っていたエメラルドの人形の秘密まで嗅ぎ付け、よくないことを企んだのである。

弟の留守に兄たちはこっそり人形を持ち出し、エメラルドの目をこすると、「弟を二度と戻れないような密林の奥地に送ってくれ」と叫んでしまったのである。

こうして、後に残った兄たちは欲しいものを好きなだけ出して、贅沢三昧《ぜいたくざんまい》な生活を続けていたが、欲と欲が絡み合い、互いに相手を傷つけながらこの世を去ってしまった。そのときから、人形も人手に渡り、行方は知れなかった。

それからさらに何年も経ったある日、リマの町に白髪の老人が現れた。金銀細工の店や工房を捜し歩いているようだった。エミリアーノその人だった。すっかり、店も変わり、どこにも自分の工房はなかった。

その後、エミリアーノはインカの道に再び赴《おもむ》いたとも言われる。今でも、山道を歩いていると、旅人の耳には、まるでどこかに工房があるかのように道具を使う音が聞こえてくることがあると言う。

Ⅲ　ゆかいな男と女

豚を買った奥さん

内容よりも語り口そのものが面白いという話もある。英語にもこれとそっくりの話があるようだが、こんな口達者な威勢のいいおばさんの声を聞いたら、何語で語られようといっぺんに元気になりそうだ。ここでは、メキシコのある田舎が舞台になっている。

ある日奥さんが家の掃除をしていると、箪笥《たんす》の後ろから財布が出てきた。

「あら、こんなところにあったんだわ。どれどれ、ずいぶん入っているわね。早速何か買っちゃおうかしら」

奥さんはしばらく考えていたが、ぱっと明るい表情になると、「そうだ。豚を飼ってみよう」と自らに言い聞かせるように言った。

そして次の朝、村の市場に出かけ、白くて丸々太った豚を買ったのだ。首に縄をつけて家まで帰ろうとしたが、途中で柵《さく》をめぐらした土地に出てしまった。柵と言ったたって、形ばかりで高さはあまりなかったから、奥さんはひょいとまたいでしまったが、これが豚にはむずかしい。

「さあ、跳ぶのよ。早く飛び越えて！」と奥さんは怒鳴ったが、いくら言ったたって、豚は柵の前でじっとして動かない。引っ張ってもだめ、叩いてもだめ。持ち上げようにも豚は重過ぎる。奥さんは困ってしまった。何か良い方法はないものかと思案していると、向こうから犬が一匹やってきた。

「ねえ、あなた、この豚は動こうとしないんだけど、ちょっと噛《か》み付いて脅《おど》してくれない？」

しかし、そう言われても犬は困って立ち止まってしまった。

奥さんは犬の態度に腹を立て、道端に落ちていた木の棒を見つけると、こう言った。

「ねえ、あなた、動かない豚に噛み付くように犬に頼んだんだけど、この犬も動かないのよ。犬を叩いてちょうだい」

しかし、そう言われても棒も困ってしまい、動こうとしなかった。

奥さんは棒の態度にも腹を立てたが、すこし離れたところで焚き火が燃えているのを見つけたので、火に向かって言った。

「ねえ、あなた、動こうとしない豚に噛み付くように頼んだ犬が動かないので、棒に犬をぶつように頼んだんだけど、棒も動こうとしないのよ。棒を燃やしてちょうだい」

しかし、そう言われても火も困ってしまい、棒の方に動こうとはしなかった。

奥さんは火にも腹を立てたが、すこし向こうに水桶《みずおけ》が置いてあるのを見つけ、こう言った。

「ねえ、あなた、動こうとしない豚にかみつくように頼んだ犬が動かないので、棒に犬をぶつように言ったんだけど、その棒も動こうとしないので、棒を燃やすように火に頼んだんだけど、その火も言うことを聞かないのよ。火に水をかけて消してくれないかしら」

しかし、そう言われても水桶も困ってしまい、動こうとはしなかった。

奥さんは水桶にも腹を立てたが、その向こうに牛の姿が見えたので、牛に向かってこう言った。

「ねえ、あなた、動こうとしない豚にかみつくように頼んだ犬が動かないので、犬をぶつように棒に言ったんだけど、その棒も動こうとしないので、棒を燃やすように火に頼んだんだけど、その火も言うことを聞かないので、水桶に火を消すように言ったんだけど、水桶も動こうとしないのよ。水桶の水を全部飲んでちょうだい」

しかし、そう言われても牛は喉が乾いていなかったから、困ってしまい、じっとしていた。

奥さんは牛にも腹を立てたが、やがて牛の近くにやってきた飼い主を見つけると、こう頼んだ。

「ねえ、あなた、動こうとしない豚にかみつくように頼んだ犬が動かないので、犬をぶつように棒に言ったんだけど、その棒も動こうとしないので、棒を燃やすように火に頼んだんだけど、その火も言うことを聞かないので、水桶に火を消すように言ったんだけど、水桶も動こうとしないので、牛に水桶の水を飲むように頼んだんだけど、その牛も動こうとはしないのよ。牛をぶってちょうだい」

しかし、そう言われても、飼い主は自分のかわいい牛をぶつわけにもいかず、にやにや笑って立っていた。

奥さんは牛の飼い主にも腹を立てたが、やがて地面に落ちているロープを見つけたので、ロープに向かってこう言った。

「ねえ、あなた、動こうとしない豚にかみつくように頼んだ犬が動かないので、犬をぶつように棒に言ったんだけど、その棒も動こうとしないので、棒を燃やすように火に頼んだんだけど、その火も言うことを聞かないので、水桶に火を消すように言ったんだけど、水桶も動こうとしないので、牛に水桶の水を飲むように頼んだんだけど、その牛も動こうとはしないので、飼い主に牛をぶつように頼んだんだけど、飼い主も言うことを聞かないのよ。この飼い主をしばってちょうだい」

しかし、そう言われてもロープは困ってしまい、動こうとはしなかった。

奥さんはロープにも腹を立てたが、道端に顔をのぞかせたネズミに向かってこう言った。

「ねえ、あなた、動こうとしない豚にかみつくように頼んだ犬が動かないので、犬をぶつように棒に言ったんだけど、その棒も動こうとしないので、棒を燃やすように火に頼んだんだけど、その火も言うことを聞かないので、水桶に火を消すように言ったんだけど、水桶も動こうとしないので、牛に水桶の水を飲むように頼んだんだけど、その牛も動こうとはしないので、飼い主に牛をぶつように頼んだんだけど、飼い主も言うことを聞かないので、ロープに飼い主をしばるように言ったんだけど、ロープも言うことを聞かないのよ。このロープをかじってちょうだい」

しかし、そう言われてもネズミは困ってしまい、動こうとはしなかった。

奥さんはネズミにも腹を立てたが、やがて向こうから現れたネコを見ると、ネコにこう言った。

「ねえ、あなた、動こうとしない豚にかみつくように頼んだ犬が動かないので、犬をぶつように棒に言ったんだけど、その棒も動こうとしないので、棒を燃やすように火に頼んだんだけど、その火も言うことを聞かないので、水桶に火を消すように言ったんだけど、水桶も動こうとしないので、牛に水桶の水を飲むように頼んだんだけど、その牛も動こうとはしないので、飼い主に牛をぶつように頼んだんだけど、飼い主も言うことを聞かないので、ロープに飼い主をしばるように言ったんだけど、ロープも言うことを聞かないので、ネズミにロープをかじるように頼んだんだけど、ネズミも言うことを聞かないのよ。このネズミを食べてちょうだい」

するとネコはこう答えた。

「いいでしょう。でもおいら今ミルクが飲みたいから、ミルクをくれたらネズミを追いかけましょう」

ちょうど向こうに、さっきとはまた別の牛が現れたので、奥さんは、「やれやれ」とため息をつきながら、牛に聞いた。

「ねえ、あなた、ちょっとお乳をくださらないかしら？」

すると牛は答えた。

「いいでしょう。でもわたし今おいしい飼い葉が食べたいの。飼い葉を持ってきてくれたら、お乳を搾《しぼ》ってもいいわ」

奥さんは、また「やれやれ」とため息をつきながら、近くに積み上げてあった飼い葉を運んできて、牛に乳を搾らせてもらった。

そして、ミルクをネコに渡すと、ネコは約束どおりネズミを追いかけた。

驚いたネズミは食べられては大変とロープをかじろうとし、ロープはかじられては大変と牛の飼い主をしばろうとし、飼い主はしばられては大変と牛をぶとうとし、牛はぶたれては大変と水桶の水を飲もうとし、水桶は飲まれては大変と火を消そうとし、火は消されては大変と棒を燃やそうとし、棒は燃やされては大変と犬をぶとうとし、犬はぶたれては大変と豚にかみつこうとしたから、豚は驚いてひょいと柵を飛び越えてしまった。

奥さんは「やれやれ、時間のかかったこと」とため息をつきながら、豚をつれて家路をたどった。

強情なおかみさん

アルゼンチンは国土の二〇パーセント近くが、パンパと呼ばれる平原である。このパンパで、牛の群れを連れて移動するガウチョ（カウボーイ）たちの姿はアルゼンチンを象徴する風景となっている。時が移り、ガウチョたちの生活も昔のままではなくなっているが、広大無辺なパンパで暮らすガウチョの孤独な魂は、楽しい歌やゆかいな話を作り出すことで、慰められたに違いない。

寂しさを紛らすには、笑って笑ってひっくり返りそうになる話が一番なのだ。

むかしむかし、ある田舎にとてもわがままで強情なおかみさんがいた。

ある日のこと、町でお祭りが開かれるのを知ったおかみさんは、どうしても見にいきたくてたまらなくなってしまった。そこで、ご主人に連れていってほしいと頼んだが、「この間の雨で、町へ行く途中を流れている川の水が増しているから、とても危険だ」と反対されてしまった。

ところが、おかみさんはそんなことを聞いても、「行きたいといったらどうしても行きたいの！」と言ってご主人を困らせた。

そして、いつものようにご主人はおかみさんの主張に従った。

「仕方がないか。できるだけ人間に慣れたおとなしい馬を選ぶんだよ」

彼らは牧場を持っていたから、遠出するときはいつも馬に乗って出かけていたのだ。

ところが、おかみさんはご主人の言うことなんか聞かない。元気がありあまっている荒馬を選んで鞍を置いたのだ。

「どれどれ出発するか。必ずおれのあとについて言われた道を通るんだよ」

二人はそれぞれ馬に乗って道を進んだ。しばらくすると、果たして川の水かさが増していて、かなり注意しないと渡れそうもなかった。

「いいかい。できるだけ浅いところを探しながら、まずおれが先に馬を進めるから、あとについてゆっくり渡るんだよ」

もちろん、おかみさんはそんな言葉を聞いちゃいないさ。

「私は好きなところから渡るわ。主人のまねなんて真っ平だわ」と、わざと流れの速いところから渡ろうとしたんだ。馬は驚いて姿勢を崩すと、そのまま倒れて激流に流されてしまった。乗っていたおかみさんも、あっという間に流されてすぐ見えなくなってしまった。

「なんてこった！」

ご主人は悔しがったが、すぐにはどうすることもできない。川の岸辺に沿って消えた奥さんを探し始めた。

それから何時間か経ったころ、たまたまそこを通りかかった男がいた。

「奥さんが馬もろとも流されたんだって？」

「ああ、そうさ」

「じゃあ、旦那、下流の方へ行って探した方がいいんじゃないですか？」

「いいや、あいつは天《あま》の邪鬼《じゃく》だからきっと上流の方に流されていると思うよ」

主導権を握っているのはどちら

これも同じくアルゼンチン人が語った話である。


ある日、天国でこんな議論が交わされていた。

「神様、どんなに世の中が変わっても、家の中ではたいてい、まだ男が主導権を握っていると思いますが……」

「そうだろうか？　奥さんの力の方が強いように見えるが……」

そこで、神様は聖者を地上に遣わして、どちらが正しいか実際に確かめさせることにした。一軒一軒回ってよく観察し、奥さんが家庭を牛耳っていれば羊を、旦那さんが主導権を握っている場合は馬をプレゼントしてくるようにと言った。聖者は、神様から渡された動物を見比べ、馬の数がずっと少ないのが気になったが、神様のことだから……と素直に従った。

こうして、聖者はあちこちの家庭の様子をつぶさに調べ、結論が出るたびに、羊か馬をプレゼントしていったが、はたして神様の予想どおり、あんなに多かった羊の数が見る見るうちに減っていった。

連れてきた羊がほとんどなくなりかけたころ、聖者は、それでもどこかに馬をプレゼントできる家があるのでは……と目を皿にして探していた。

そして、やっと久し振りに、男が中心になっている家庭を見つけた。おまけに夫婦円満で、家庭は平和だし、馬を置いてくるのにふさわしい家のように思われた。そこで、聖者は家の主を呼ぶと、黒い馬を見せてこう言った。

「あなた方の普段の心がけ、おこないがいいのを遠くから見せてもらった。これは、それに対する神様からのプレゼントだよ」

主人は、突然のご褒美《ほうび》に感極まった様子で、お礼の言葉もすぐ出てこなかったが、聖者を見送ると、すぐ家の中に入り、奥さんに報告した。

だが、知らせを聞いた奥さんは、家の前につながれている馬を見ると、こう言ったのだ。

「あら、馬をいただけるのはうれしいけど、白馬の方が断然よかったわ。その方がかっこいいし、素敵じゃない」

これを聞いた男は、一目散に駆け出すと、ずっと先を歩いていた聖者に追いつき、頼んだ。

「聖者様、お待ちください。せっかくいただけるのなら、黒馬ではなく白馬にしていただけませんでしょうか？」

すると、振り向いた聖者は、きっとした目つきでこう言った。

「白馬でもなければ、黒馬でもない。あなたにあげるのはこれだ」

残りわずかな羊の中から一匹を選んで渡したのである。

悪魔の姑《しゅうとめ》

恐ろしい悪魔の出てくる話は多いが、悪魔も震え上がるほど怖いものがいるとは……

むかしむかし、とても気位の高い女がいた。彼女には美しい一人娘がいたので、いつもこんなふうに躾《しつけ》ていたものだ。

「ねえ、おまえもいつか結婚するときがくるけど、相手をよく選ばなくちゃだめよ。まずとにかくお金持ちでなくちゃね。金貨が捨てるほどあって、歯も金ぴか。乗っている馬の尻尾は銀色でいいけど、やっぱり金ぴかの鞍を置いてなくちゃいけないわ」

それから何年かが経って、娘は年頃になり、ある青年に恋をした。その青年はハンサムで身なりがよく、持ち物も金ぴかだったので、母親のめがねにも適《かな》った。

青年は入《い》り婿《むこ》として迎えられ、はじめのうちはみなうまくいった。だが、ほどなく母親は例の高慢な性格をあらわにした。なにかにつけ小言を言い、婿を働けるだけ働かせたのである。家畜の世話、農場の仕事、すべてが大変な肉体労働だった。これにとうとう我慢できなくなった青年は、ときどきこっそりと犬やロバに変身して、姑の命令を巧《たく》みにかわすことを覚えた。そう、実はこの青年は、悪魔だったのだ。

しかし、悪魔の知恵を上回るのが年の功で、姑は何もかも見抜いていた。婿がもう働こうとしないのを見て取ると、『アラビアンナイト』やペローの『長靴をはいた猫』でお馴染《なじ》みの方法を使って、厄介払《やっかいばら》いしようとした。

早速小さな空き瓶《びん》を用意すると、「あなた、アリと同じぐらいの大きさになれるかしら？」と、そそのかした。人のいい悪魔がこれに応じて本当にアリに変身すると、姑はすばやくつまんで空き瓶に入れ、しっかり蓋《ふた》をしてしまった。そして、丘の上の木の枝に瓶をぶら下げると、何食わぬ顔で戻ってきたのである。しまったと思った悪魔は大声で叫んだが、そんなところまで来る人間なんてめったにいなかった。

だが、偶然、その日はきこりが通りかかって、「助けてくれ！」という声を聞いたのだ。いくら探しても声の主の姿は見当たらなかったが、やっと木の枝にぶら下げられた瓶に目が留まった。

「出してくれ！　ここから出してくれたら、君の願いは何でも叶《かな》えてあげる」

もちろん、きこりは悪魔を外に出してやった。そして、どんな病でも治せる名医にしてもらったのである。きこりは患者を診《み》るふりをするだけでよかった。あとは悪魔が治療方法を指図してくれたのだ。ところが、これを何度も繰り返して、名医の評判が高まるにつれ、きこりはわがままになってしまった。都に呼ばれ、王室に出入りするようになると、悪魔を手下のように利用し始めたのである。これにはさすがの悪魔も嫌気が差し、仕返しを思いついた。

ある暖かな昼下がり、悪魔はとても小さな虫に変身すると、王妃の耳の奥に入ってしまった。すると、王妃はそれから原因不明の頭痛に悩まされるようになった。たちまち、宮中は大騒ぎになり、あの名医が呼ばれた。あれこれ調べているうちに、耳の奥にいる悪魔に気づいたが、いくら合図しても悪魔はいっこうに応じない。

そんなある日のこと、きこりは真っ青になった。いつまで経っても后の容態がよくならないので、王様は「早く治さないと、そちの命はないぞ」と彼を脅《おど》したのである。どうしたものかときこりは思案していたが、ふと村で聞いたうわさを思い出した。それは、入り婿として迎えられた青年が、姑にひどくおびえていたというものだった。

早速、宮廷の人たちを何人か呼び集めると、后の部屋の前でにぎやかそうにおしゃべりを始めてもらった。そして、后の耳元でこうささやいたのだ。

「お姑さんがそこに来ていますよ」

驚いた悪魔は、すぐに后の耳から外に出ると、どこへともなく飛んでいってしまったということだ。言うまでもなく、王妃は全快し、めでたしめでたしとなった。

ペドロ・デ・ウルデマレス

いたずら好きで悪賢いペドロ・デ・ウルデマレスは、ラテンアメリカの昔話によく登場する人物だ。

面白いのは、ペドロが詐欺・嘲笑の対象に選ぶ人物が、地域によって少しずつ異なっている点である。例えばアメリカ合衆国内のメキシコ系住民の多い地域では、ペドロは貧しいメキシコ系労働者、まんまとペドロにだまされるのは、白人系のお金持ちである。

いくら額に汗して働いても、うだつが上がらないメキシコ系労働者が、たまには白人系の富裕階級に一泡吹かせてみたいという願望が、この種の昔話には強く表われている。

ペドロ・デ・ウルデマレスは、町に用事ができて急いで出かけることにした。とは言っても車もなければ馬もない。せめてロバがあればと思うのだが、それすらないから歩いて行くことにした。とぼとぼ歩いていると、道端に大きな丸太が置いてある。もともと器用な男だから、いいことを思いついて拾い上げた。さっそくナイフを取り出して仕事の開始だ。

こんなものでもあればいいとペドロが作り始めたのは、木彫りのロバだった。背中や腹のカーブもそれらしくうまくできた。材質を活かして作ったので、またがってみると思ったよりずっと乗り心地がいい。

ペドロが自分の作品を傍《かたわ》らにおいて見とれていると、反対方向から身なりのよい紳士が馬に乗ってやってきた。

「木のロバなんか眺めてどうしたのかね？」

「だんな、これは木でできているけど、ただのロバじゃないんですよ。おいらが乗れば、たちまち肉も皮もついて本物のロバに早変わり。それに一度駆け出したら風のように速いんだ」

「ほんとかね？」

「ほんとうさ。こんな便利なロバはないよ」

「じゃあ、いくらか出すから譲ってくれないか？」

「だめ、だめ、これは世界にひとつしかない魔法のロバだからね」

「それならなおさら欲しくなった」

「そうだねえ、だんなが乗ってるその馬とならば交換してもいいけど。それにこのロバおいらになついているから、着ているものも取り替えておいらの格好をしてもらった方が安全かもね」

「いいだろう」

こうして二人はそれぞれ衣服を脱いで相手の着ていたものに着替えた。そして、ペドロは馬にまたがると言った。

「だんな、おいらの姿が見えなくなるまではロバにまたがらないでくださいよ。でないと魔法の力が働かないからね。じゃあ、ごきげんよう！」

ペドロは馬を飛ばして道の彼方へ姿を消してしまった。

さて、後に残った紳士はロバにまたがったが、……

「さあ、さあ、動け！　走れ！」

いくら声をかけてもだめだった。木のロバはいつまで経っても木のロバだったのさ。

今ごろペドロは町でどうしているかな？　馬と服を売って、また別のいたずらを考えているに違いない。

天国にやって来たフワン

メキシコ人にとって、北の隣国アメリカは昔からあこがれの地だった。仕事を求めて不法入国しようとする者は今も跡を絶たないという。そんなメキシコ人の姿はいくつものユーモラスな話に変わって伝えられている。次の話の中で、天国がどこの国を指しているかは言うまでもないだろう。


ある日メキシコ人のフワンが天国の門の前に立った。彼は善良な男だったから、天に昇ることができたのだ。

「こんにちは、聖ペテロ様。天国に入れていただきたいのですが」

門のところに立っていた聖ペテロは、フワンにいろいろなことを尋ね出した。天国に入る許可を与える前に聞いておかなければならないことがあったのだ。

氏名、年齢、生年月日、職業、国籍……と質問が続いたが、「メキシコ人」という言葉を聞いたとき、聖ペテロはちょっと困った顔をした。

「メキシコ人？　お気の毒だが、メキシコ人はここに入れないんだよ」

「えっ、どうしてでございますか？」

「今、天国はメキシコ人のためのものではなくなっているのだよ。ほんとうに残念だが、ここ以外の地を探してもらうしかない」

フワンはすっかり気落ちしてしまったが、まだあきらめきれず、手に持った帽子をいじり回していた。そして、聖ペテロが後ろを振り向いたすきに、門のわずかな隙間《すきま》から帽子を投げ入れた。

「あれ、大事な帽子が……　あんなところまで転がってしまって。五〇〇ペソもする高い帽子なんです。取りに行かせてください」

こうして、フワンはまんまと天国に入ってしまったとさ。

Ⅳ　悪魔の恩返し

悪魔の恩返し

悪魔の出てくる昔話は多いが、どれも人間に悪いことをそそのかす、という点で共通している。あるときは神への信仰心の強さで、あるときは悪魔以上の知恵をしぼることで、人間たちは悪魔を退散させてきた。だが、なかには心の優しい悪魔もいるようだ。それに義理堅い悪魔も。

むかしむかし、ある国にとてもハンサムな王子がいた。王子が一八歳の誕生日を迎えたとき、国王夫妻はひそかに国一番の占い師を呼び、王子の将来を占ってもらうことにした。するど、どうだろう。王子は近い将来、突然、その身に大きな不運が襲いかかるという悪い相が出ていた。国王夫妻は、このことを秘密にして、王子には一言も告げなかったが、心配で心配で夜も眠れなくなってしまった。特にお后は、一人息子が哀れでならず、人に見られないようそっと目頭を押さえていた。

一方、王子は自分にどのような運命が待っているかなど、全く考えもせず、明るく成長していた。そして、ある日、旅に出て、できるだけ世界のいろいろな姿を見聞しておこうと決心したのである。それも一国の跡取りにふさわしい身なりで出るのではなく、お供も連れず、ごく普通の庶民の姿で旅をしようという計画だった。

国王夫妻は、どこにいようと運命から逃れることはできないことをよく知っていたから、何でも王子のしたいようにさせることにした。息子の旅立ちの日、心から祝福を与え、十分過ぎるほどの旅費を与えたのである。

王子はたくさんの国を周り、さまざまな都市を訪ね、いろいろな人々と接しながら旅を続けていた。そして、ある日のこと、美しい聖堂のそびえる町に着いた。

この聖ミカエル聖堂は、そのころ大規模な修復工事が行われたばかりだった。何年もかけた修復作業が終わると、聖堂の外も中も見違えるように輝きを取り戻し、まるで数世紀遡って、造られたばかりの状態に戻ったかのようだった。ところが、一箇所だけ、色あせたまま少しも手を入れていない部分があった。暗い片隅に忘れられたように置かれている悪魔の像だった。王子はなぜかそれが気になり、関係者を呼ぶと修復を依頼した。持っていた金貨を気前よく渡すと、相手は否《いな》とは言わなかった。

こうして、王子はまた次の国へと旅立ち、いろいろな町や村の風物を見ては感心し、新たな発見をしていたが、ある夜遅く、小さな宿屋に入った。泊り客は他になく、老婆が宿の番をしているだけだった。

部屋に入ると、王子は路銀がどのくらい残っているか気になり、財布から金貨を出すと数え出した。一方、部屋の鍵穴からこの様子をのぞいていた老婆は、あまりの大枚《たいまい》に驚き、よくないことを企んだのである。

次の朝早く、眠っていた王子はたたき起こされ、警察に連行された。老婆が、宿の金をそっくり泊り客に奪われてしまった、と通報したのである。財布の中身を調べると、確かに大金が入っていたので、王子は疑いをかけられ、そのまま留置所に入れられてしまった。周りは見知らぬ者ばかりの他国で、いくら釈明してもどうしようもなかった。

そのころ、聖ミカエル聖堂では、こんな会話がなされていた。

「悪魔の君もすっかり鮮やかな色が蘇り、それじゃあ、この僕より立派になってしまったみたいだな」

「何をおっしゃる。何と言ったって、ミカエル君、ここは君の名が付いた聖堂だ。君にはかなわないさ」

「それにしても、君の修復を依頼した奇特な青年は、今たいへんな目に遭《あ》っているね。あらぬ疑いをかけられて捕まえられてしまった。かわいそうに」

「えっ、それはほんとうか？　何とかしてやらなければ……」

それから一日も経たないうちに、王子は疑いが晴れて無事に旅を続けられるようになった。王子自身も何がどうなったかわからなかったが、すぐ真犯人が捕まったということであった。

ココヤシの木の下で

著名な作家の筆によるものではなく、名もない人々によって昔から語り伝えられてきたラブストーリーがある。これは、ブラジルの海岸地方を舞台にした微笑ましい物語である。

むかしむかし、海辺の村に、仲睦《むつ》まじいカップルがいた。彼らは、自分たちだけの符丁《ふちょう》を使って互いの名を呼び、家族にも知られないように逢瀬《おうせ》を重ねていた。二人が忍び逢う場所は、娘の家の裏にあるココヤシの木の下だった。

ある日、戦争が起き、男は兵隊に取られることになった。無事に帰ってきたら、……と将来を誓ったものの、悲しく辛い別れだった。

恋人が去った後の娘には、次々と男たちが言い寄ってきたが、彼女は見向きもしなかった。しかし、数年が経ち、恋人の消息がつかめなくなった頃、良い縁談があり、両親の熱心な勧めの前に、娘はいやだと言えなくなってしまった。子どもは親の意見に素直に従う時代だったのである。

それから何日か経ったある日のこと、村には、長い兵役を終えて帰郷した青年の姿があった。奇しくもその日は、かつての恋人の婚礼の日だった。そのことを知った男は愕然《がくぜん》となり、血の気が引いたが、もはやどうすることもできなかった。だが、小さいときから彼の面倒を見てきた爺《じい》やは、彼の気持ちを察すると、元気づけながら言った。

「坊ちゃん、このわしにお任せください。きっとうまく解決してさしあげますから。昔のように、ココヤシの木の下で待っててください」

こうして、爺やが結婚式場へと向かうと、花嫁、花婿、それぞれの両親、親戚、友人と、すでにたくさんの人が集まっていたが、まだ神父の姿はなかった。そこで、皆の前に進み出た爺やは、お祝いの歌を披露する許しを請うと、花嫁の方を向いて歌い出した。

「遥《はる》かな地から　故郷まで
重なる戦《いくさ》　疲れ果て
帰ってきたよ　ヤシの実が

ああ、今も　あの木の下で
待ってるよ　思い出したら
来ておくれ　変わらぬ想い

ココヤシの」

年を取ってはいたが、見事な歌いっぷりで、爺やは拍手喝采《かっさい》を受けた。ただひとり真顔《まがお》になった花嫁は、喉が渇いたからと言って、その場を離れた。そして、そっと裏口から抜け出すと、あのココヤシの木の下へ走った。

そこには、懐《なつ》かしい恋人が立っていた。それに、ちょうど向こうから、汗を拭きながら遅れてやってきた神父の姿も見えた。

聖クリストバルの羊

アメリカ合衆国のニューメキシコは、一九世紀半ばまでメキシコの領土だった。もちろん、その前はスペインの支配下に置かれた植民地であり、さらにそのずっと前には、先住民の土地であった。これは、メキシコ系の人たちの間に伝えられた話である。

フェリパは目の前に倒れている夫の姿を見て、気が変になりそうだった。先住民と入植者とのいざこざはあちこちであったが、まさか自分の家族がその争いに巻き込まれるとは、これっぽっちも考えていなかった。

いくら呼んでも、すでに冷たくなった夫の体からは何の反応も得られなかった。おまけに息子もさらわれてしまった。さらわれたということは、もう殺されたかもしれないし、再び会える可能性などないに等しいという話を聞かされていた。

いったい、これから自分はどうしたらいいのだろう。何を考えようとしてもだめだった。泣き腫《は》らした目から、涙がまた流れ落ちた。あのとき、水を汲みに出かけなかったら、自分もいっしょに殺されていたかもしれない。こんなことなら、いっしょに死んでいた方がましだったのだ……

フェリパは地面に顔がつきそうなぐらい泣き崩れ、激しく嗚咽《おえつ》した。

遺体が村の聖堂に運ばれ、辺りが夕日に染まるころ、司祭がやって来た。

「フェリパ、さあ、聖堂へ行ってお祈りしよう。聖母様の前で手を合わせていれば、きっと心が静まる」

司祭のよく日に焼けたごつごつした手が、フェリパの頭に優しく触れていた。

フェリパは司祭の後について聖堂へと向かったが、まだ放心状態だった。聖母像の前でいくらお祈りしても、帰らない者は帰らない。言いようのない心の空虚さは変わらなかった。ただ、自分も死んでしまっていればよかった、という気持ちだけはいつのまにか消えていた。

それから、何週間か過ぎ、何ヶ月か経った。村の人たちは、みなフェリパに同情し、温かい言葉をかけてくれた。フェリパは、独りでもやはり生きていこうと決めていた。やがて、家の前の狭い畑で野菜を育て、町まで売りに行くようになった。

村の人たちが差し伸べてくれる援助をフェリパは素直に受け取っていたが、ある人物の好意にだけはどうしても応じる気になれなかった。それは毎週決まってフェリパの家の前を通るドン・ホセだった。村一番裕福な男で、羊の群れを連れて通りかかると、必ずフェリパに声をかけるのだった。はじめは挨拶するだけだったが、そのうちにフェリパにデートを申し込んだり、贈物を届けるようになっていた。そのたびに、フェリパは固く断り、ときには家の中に閉じこもってドン・ホセと顔を合わせないようにしていた。

しかし、ドン・ホセはあきらめず、執拗に言い寄ってきた。フェリパが出てこないとわかると、家の前で立ち止まった。すると、連れてきた羊たちは、フェリパが丹精して育てた畑の野菜を食べ始めるのだった。これには、フェリパもこらえ切れなくなって、ある日とうとう、ドアを開けて飛び出すと、思い切り叫んだのだ。

「あなたなんて、あなたなんて、聖クリストバルが丘から転落させて、首の骨を折ってしまえばいいんだわ！」

ドン・ホセは苦笑いしながら、羊を連れて丘の方へと去っていった。

それから数時間後、耳を疑うような知らせをフェリペは聞いた。帰宅途中のドン・ホセが足を滑らせて落下し、打ち所が悪く、首の骨を折ってしまったというのだ。そして、ドン・ホセは間もなく息を引き取ったという。

フェリパは、自分の忌《いま》わしい言葉が現実になったかと思うと、恐ろしくなり、血の気が引いたが、やがて罪の意識にさいなまれた。あのとき、あんな言葉をかけていなければ……聖クリストバルは、ほんとうに私の叫びを聞いてしまったのだ。これは、私に対する罰なのだ。ああ、どうしたらいいのだろう。何てことをしてしまったのだろう。

それから数日間というもの、フェリパの頭には寝ても覚めてもドン・ホセの顔が浮かび、後悔と罪の意識は増すばかりだった。

そして、ついに耐えきれなくなったフェリパは、司祭のところに行き、罪の告白をした。じっと聞いていた司祭は、やがて静かに諭《さと》すようにこう言った。

「聖クリストバルがおまえの言葉を聞いたから、事故が起きたのではない。ドン・ホセが自分で引き起こしたことだ。だが、おまえが罪の意識にさいなまれるなら、こうするがいい。ドン・ホセには跡を継ぐものがいないから、おまえがこれから羊の面倒をみるのだ。羊の群れを連れ、広いニューメキシコの村から村へと周るのだ。そして、もし生活にあえぐ者がいたら、羊を一匹ずつ与えていくのだ。ドン・ホセの魂が安らかに憩《いこ》えることを祈りながら、聖クリストバルに代わって、貧しい者に分け与えていくのだよ。おまえが口にするパンは、行く先々でみんなが施してくれるだろう」

次の日、質素な黒い服と簡単な衣類、それに羊の乳を飲むコップだけを持って、フェリパは旅に出た。今まで羊の群れを移動させたことはなかったが、ドン・ホセの番犬はフェリパになついていたし、この犬に任せておけば何もかもうまくいった。

羊の数は正確に把握していなかったが、百匹を超えていることは確かだった。どれも同じに見えていた羊も、毎日いっしょにいるうちに見分けがつくようになり、いくつかには名前もつけることができた。

こうして、司祭に教えられたとおり、フェリパはどんな小さな村も見過ごさず、貧しい者を探し歩いては、羊を渡していった。なかには、生活苦を装っている者もあるかもしれないと注意したが、それは杞憂《きゆう》にすぎず、村人たちはたいてい誠実だった。むしろ遠慮してなかなか羊を受け取ろうとはしなかったのである。また、フェリパが羊を連れて旅に出ていることは、ニューメキシコ中に知れ渡ってしまったのか、フェリパの姿を見ると、駆け寄って食べ物を施してくれる者も少なくなかった。

やがて、フェリパの旅は出発してから丸一年が経とうとしていた。その間には、明らかに先住民の顔立ちをした男に羊を置いていったこともあった。言葉も着ているものも異なるいくつもの村を通りすぎ、連れていた羊も、今ではたった一匹だけになっていた。

その日たどり着いたのは、日干しレンガを積んだ粗末な家が点在する村だった。フェリパは一軒一軒まわって羊が必要なほど生活に困っていないか尋ねたが、どこでも謙虚に申し出を断った。とうとう残るのは、一軒だけとなった。

半ば崩れかかった小屋にフェリパが近づくと、埃っぽい大地の色と同じようによく日焼けした男が座っていた。大きな帽子を目深《まぶか》にかぶって、継ぎはぎだらけのズボンと穴のあいたシャツを着ていた。

「あのう、もしお困りでしたら、この羊を差し上げますが……」

「ああ、あんたはフェリパだね。なに、わしは年をとってもまだまだ働けるが、この間ここに引き取ったかわいそうな子どもが中にいるから、その子にやってくだされ」

フェリパは、もしかしてと、胸が高鳴るのを覚えながら、小屋の中をのぞいた。先住民の身なりをしているが、それは一年前さらわれたわが子に間違いなかった。わが子をしっかり抱きしめ、喜びにあふれる涙を拭きながら、老人にお礼を言おうと外を見ると、どこにも姿がなかった。村の人に聞いてもそれらしき人は見かけたことがないということだった。

だが、フェリパにはもうわかっていた。あれは聖クリストバルに違いないということが。

水で得たもの水で失う

名もない人々の知恵は、いくつものことわざ、格言、昔話の中に上手に取り入れられ、後世にまで伝えられている。日本の「悪銭身に付かず」と似た表現は、マヤの地にもあるようだ。

むかしむかし、あるところに、正直な男がいた。貧しかったが、とても信心が篤《あつ》く、家にはキリスト像や聖母像のほかに、聖イシドロの像もおまつりしてあった。男は聖イシドロ像の前に立つと、よくこんなことをお願いしていた。

「聖イシドロ様、いつか私に牝《め》牛を授けてくださいませ。乳が搾れるようになっても、正直に働きます。村の人に牛乳を売るときも、よく噂に聞くように、水を混ぜてごまかすようなことはいたしません」

来る日も来る日も男はお祈りを続けていたが、ある日、どこからともなくほんとうに牝牛がやって来て、男の家にそのまま居着いてしまった。いつまで待っても持ち主が現れないので、男は聖イシドロ様の贈物に違いないと、大喜びで世話を始めた。

やがて、男は牛乳を持って村を回るようになった。はじめは一日、三人しか買ってくれなかったが、それが少しずつ増え、仕事が楽しくなっていた。そんなある日、大きな屋敷の前を通りかかると、そこのおかみさんに呼び止められた。

「ねえ、うちは毎日この大きなひょうたん一杯分だけ欲しいんだけど、明日から届けてくれない？」

「もちろんですとも。ありがとうございます」

こう答えた男の声は弾《はず》んでいた。だが、いつも正直にきちんと量って売っていた男も、日が経つにつれ、少しずつずるくなっていた。

（こんなにお客が増えたんじゃ、牛乳が足りなくなってしまう。少しぐらい水で薄めても気づかれないだろう）

そして、何食わぬ顔で水増しした牛乳を売り歩くようになったのである。

次の年、男は貯まったお金で、もう一頭牝牛を買うことができた。

（これで今までの二倍の乳を搾って、二倍儲《もう》けてやろう。ますますお金持ちになれるぞ）

男は牛たちを連れて近くの丘に登り、草を食べさせるのを日課としていたが、ある日、出かけた先で、突然の大雨になってしまった。驚いたのは人間だけでなく、牛たちも同じだった。引き返そうとすると、窪地には水がたまり、池のようになっていた。また、いつもは簡単に渡れる小川が、ごうごうと音を立てて流れる大きな川になっているのが見えた。

男は牛たちが暴れ出すのを抑え、やっと一頭の首に縄をつけると、何とか安全な場所に移動させた。そして、もう一頭は、と振り向くと、……

どこにも姿はなかった。あわてて動いた拍子に深みにはまり、そのまま流されてしまったに違いなかった。

やがて雨が止み、洪水が治まったある日、男は助かった牛の背を撫《な》でながら、こう呟いた。

「『水で得たもの水で失う』ってことだな」

V

どこかで聞いたような

カエルと三人の兄弟

動物が人間の助っ人となって活躍する話は、世界のいろいろな地域で聞かれるが、ラテンアメリカにもたくさん伝わっている。どんな動物が登場し、畑にどんな作物があるかに、語られる地域の姿が映し出されていて、昔話が人々の生活と密な関係にあることがわかる。これはメキシコが舞台になっている昔話である。

むかしむかし、あるところに立派なトウモロコシ畑を持っているお百姓さんがいた。大事にトウモロコシを育てていたが、ある日、畑が荒らされているのに気づいた。次の日、もう一度見に出かけると、また畑は荒らされていた。どうも、夜の間に何者かが忍び込んで、トウモロコシを食べてしまうらしかった。

そこで、お百姓さんは三人の息子を呼んで言った。

「うちの畑が毎晩荒らされるようになった。だれか、夜、畑の番をしてくれないか？」

すると、長男のロベルトが言った。

「お父さん、それでは今夜は僕が寝ずに見張っていましょう。任せてください。きっと、犯人を生け捕りにしてきます」

こうして、弁当と銃を受け取ると、馬に乗って畑に向かった。途中の泉にさしかかると、月明かりの下でカエルが歌っているのが聞こえたが、ロベルトには耳ざわりだったので、思わずどなってしまった。

「うるさいぞ！」

すると、カエルはロベルトの方を振り向いて答えた。

「いっしょに連れていってくれたら、畑を荒らすのはだれか教えてあげるんだけどなあ……」

「おまえなんかにわかるものか。まあ、そこで寝ているんだな」

ロベルトが畑に着くと、すでに何者かがトウモロコシを食い荒らした後だった。また戻ってくるかもしれないと、その夜はあくびをこらえながら待ったが、とうとう何も現れないまま、東の空が白んでしまった。

次の夜は、次男のエンリケが出かけることになった。食いしん坊のエンリケは、おいしい弁当をたっぷり作ってもらって馬に積んだ。泉のそばで一休みしようと思っていたが、カエルの歌っているのが聞こえたので、不機嫌になって言った。

「静かにしてくれないか。ちょっと一眠りしたいんだ」

「いっしょに連れていってくれたら、いいものをあげるんだけどなあ……」

「おまえなんか当てになるものか。じゃましないでくれ」

エンリケが畑に着くと、大きな翼を広げた鳥が、ちょうど畑から飛び立つところだった。これが犯人に違いないと思ったエンリケは、すかさず銃をかまえて狙ったが、弾《たま》ははずれ、二、三枚の羽根だけがあとに残った。

「残念！　でもこの羽根を持って帰れば自慢できるぞ」

だが、いくら羽根を見せても、父親は息子をほめなかった。トウモロコシ泥棒は捕まえなくては意味がなかった。

次の夜は、末っ子のハイメが出かけることになった。

泉の近くを通りかかると、カエルが歌っているのが聞こえたので、声をかけた。

「今晩は、カエル君。ひとつ頼みがあるんだ。毎晩トウモロコシ畑が荒らされるんだが、だれの仕業か知っているかい？　教えてくれたら、弁当を分けてあげてもいいよ」

「ああ、知っているとも。君の兄さんたちも僕の言うことを聞けばよかったのにねえ。まず、この泉の底に沈んでいる丸い小石を拾ってごらん。あとで、きっといいことがあるよ」

「たとえば、すてきな女の子に出会えるかな？」

ハイメは教えられたとおり、泉の底の丸い小石を拾いながら言った。

「もちろんさ、それにトウモロコシ泥棒も見つかるよ。さあ、いっしょに出かけよう」

こうして、ハイメとカエルはトウモロコシ畑に向かったのである。

しばらく隠れて見張っていると、どこからか大きな翼の鳥が飛んできて、トウモロコシをついばみ始めたので、ハイメは足音を立てないようにそっと近づき、銃の狙《ねら》いを定めた。

すると、突然、鳥の悲鳴が聞こえた。

「お願い、撃たないで！」

ハイメは銃を捨てると、なおも哀願する鳥の言葉に耳を傾けた。

「私、ほんとうは人間の女の子なの。悪い魔法使いの言うことを聞かなかったから、鳥の姿に変えられてしまったの」

ハイメはなぜかこの鳥に引かれるのを感じ、カエルのところまで連れていくと頼んだ。

「カエル君、お願いだ。この子を元の姿にしてやってくれないか」

「よし、引け受けた」

カエルが歌い出すと、鳥はかわいい女の子になったから、ハイメは大喜びだった。

「ね、僕の言ったとおりだろう。泉の小石は君の願いを聞いてくれたのさ」

カエルは満足そうに二人を祝福すると、再び自慢の喉を聞かせ始めた。

大男との知恵くらべ

知恵くらべや力くらべの話はたくさんあるが、小さいもの、弱いものがどうやって相手を負かすかに、多くの昔話は焦点を合わせている。次の話はエクアドルに伝わるもので、新しい農業方法の発見まで描かれている点が目を引く。

むかしむかし、貧しい男が住んでいた。ある日、彼の前に、土地を売って引っ越したいという者が現れ、わずかなお金で農地を手に入れることができた。はじめて自分の土地を持った男は大喜びだったが、おかみさんはそんなに安いのは何かわけがあるのでは、と心配した。

「ほんとうに大丈夫なの？」

「大丈夫だとも。おれたちの土地さ」

すると、どこからか、声がした。

「おれ様のな」

二人はびっくりしてあたりを見回したが、だれの姿もなかった。

「とっとと失せろ」

今度は天から響くような声がしたので、二人が見上げると、髪を逆立《さかだ》てた大男が立っていた。

「あなたの土地ですって？」

「そうとも、ここは、代々おれたち巨人の家に伝わる土地なのだ。だから、つべこべ言わずに出て行くんだ」

「とは言っても、ここは買った土地ですし……」

そのとき、それまで黙っていたおかみさんが、急ににこにこしながら言った。

「ねえ、あなた、じゃあ、私たちがここで働いて取れた作物は、大男さんと仲良く半分ずつ分けるというのはどうかしら？」

夫の方はまだ事情が飲み込めていなかったが、おかみさんはさらに続けた。

「大男さん、土の上にできるものと、下にできるもの、どちらがいいかしら？」

「何？　上と下か。おれは上の方にしよう。おまえたちには下の方をやろう」

両者は収穫物の取り決めをすると、仲良く別れた。

「これでいいわ。ジャガイモを育てましょう」

その日から夫婦は畑を耕し、ジャガイモの栽培に精を出した。そして、いよいよ収穫できる日が来ると、それまで顔を見せなかった大男が畑に現れた。

「さあ、どうぞ。あなたの取り分は土の上に出ている青々とした葉っぱですよ。私たちは土の中になっているのをいただきますわ」

「ううん、だましたな！」

大男は悔しがったが、約束は約束、あきらめるしかなかった。

「大男さん、次の年はどうします？　土の上の方がいいかしら、それとも下かしら？」

「次はもちろん、下になった方だ。おまえたちが上の方だ」

こう言い捨てると、大男は怒って帰ってしまった。

「ねえ、今度はソラマメを育てましょう」

夫婦はジャガイモ畑を片づけると、ソラマメの栽培に取りかかった。そして、緑の絨毯《じゅうたん》のように葉が茂り、茎が伸びた頃、大男がまた姿を現した。

「あなたの取り分は土の下でしたね。さあ、遠慮なくどうぞ、持っていってください」

「ちくしょう、また、だましやがったな」

「約束ですからね」

「しょうがねえか。よし、来年は大麦を育てるんだ。収穫のじきになったら、おれは向こうから、おまえたちはこっちから同時に刈り始める。いいな」

大男の去って行く後ろ姿を見ながら、夫婦は考え込んでしまった。あの長い腕で刈り始めたら、瞬《また》く間に作物は大男のものになってしまうだろう、と思うと、これから畑仕事をするのも憂鬱《ゆううつ》だった。

「ねえ、あなた、もし、一方の茎が堅くて、刈り取るのに時間がかかったとしたら？」

「そうか！ あいつの方には、ルピナスをわからないように混ぜておこう」

こうして、二人は、自分たちの方には大麦の種だけを、大男の方には茎が堅くなるルピナスと大麦の種をいっしょにまいておいた。

そうして、大麦の穂が美しく風に揺れる季節になった。大男は体にふさわしい大きな鎌を持って現れた。そんな鎌で刈られたら、たちまち大麦はきれいに持っていかれそうだった。

「よし、始めよう」

大男は力一杯、鎌の刃を当てたが、堅い茎は容易に切れなかった。一方、夫婦は軽々と動きながら、自分たちの仕事をこなしていた。そのうちに、大男は焦《あせ》り出し、無茶苦茶に鎌を使ったが、とうとう疲れ果てて倒れてしまった。そして、どこかに姿を消すと、二度と戻ってこなかった。

「これで三年、作物に恵まれたわね。畑の土も疲れているでしょうから、来年は休ませて、その次の年からまた同じ順序で種をまきましょうよ」

こうして、この土地は完全に彼ら夫婦のものになり、やがて、この農業方法で作物を栽培する農家がしだいに多くなったということだ。

占い師にさせられてしまった老人の話

何もしない間に思わぬ幸運が転がり込む、という昔話は世界にたくさんある。日々の暮らしを楽しむことこそ美徳と考える人が多いラテンアメリカで、この種の話を伝えないはずがない。


むかしむかし、あるところにひどく貧乏な老人がいた。正直者だったが、日に日に暮らしは貧しくなり、ついに食べるものにも困ってきた。

ある日のこと、王様の大事な宝が何者かに盗まれ、国中大騒ぎになった。そして、だれが言い始めたのかわからないが、あのみすぼらしい老人は、実は占い師で、宝のありかを知っているらしい、という噂が流れ始めた。

やがて、これが王様の耳にも入り、老人は宮殿に呼ばれた。

「いいか、余の宝を三日以内に探し当てるのじゃ。失敗すれば、そちの首はないと思え」

こうして、老人はいつの間にか占い名人ということにされてしまい、宮殿の一室に閉じこめられたのである。とんでもない災難が降りかかったと、我が身を嘆く老人にも、ひとつだけいいことがあった。王様の命令で、その日からすばらしいごちそうが用意されたのである。

最初の日、運ばれてきた料理の山を見て、老人は眼をこすった。今まで見たことのない海の幸・山の幸が並んでいた。それまでの不安な気持ちはどこかに吹っ飛んでしまい、たらふく食べると、うれしそうに給仕係の方を見ながら言った。

「ありがたいことじゃ。これでまずひとつ」

老人は、第一日目の食事にありつけた喜びを表したのだが、これを聞いた給仕係は思わず身震いした。彼は王様の大事な宝を盗んだ一味のひとりだったので、早くも見破られたかと勘違いしたのである。そして、奥に引き下がると、そのことを仲間に告げた。

次の日の食事は、さらにまた老人を喜ばせた。お酒もたっぷり出されたし、どの肉、どの野菜も珍味だった。赤ら顔になった老人は、にこにこしながら言った。

「ありがたいことじゃ。これが二番目か」

その日は別の給仕係が来ていたが、この言葉を聞くと真っ青になってしまった。彼も王様の宝を盗んだ一味のひとりだったので、見つかったかと思ったのである。

三日目の食事は、さらに豪華だった。全国の自慢料理を取り寄せたのかと思えるほど、次々に料理が運ばれ、見ているだけで満足しそうだった。老人は舌鼓《したづつみ》を打つと、言った。

「ありがたいことじゃ。これが三番目か」

その日は、また別の給仕係が来ていたが、この言葉を聞くと、その場に崩れてしまった。彼も王様の宝を盗んだ一味に加わっていたので、悪事がばれたと思ったのである。そして、扉の陰で部屋の様子をうかがっていた二人の給仕係も、もうこれまでと観念して、老人の前に出てひれ伏すと、罪を告白した。

「宝はすぐに持ってきますから、私たちが盗んだことは、どうか内緒にしておいてください」

老人は、彼らの言うとおりにしてやった。こうして、あくる日、王様からたくさんの褒美《ほうび》をもらった老人は、「ありがたいことじゃ」と呟きながら、王宮の門を出て行ったとさ。

三人の若者

「三人寄れば文殊の知恵」というのはほんとうだろう。同じような話はヨーロッパでも多いが、次のブラジルの話は結末が異なっていて面白い。

むかしむかし、ある国に、とても美しいお姫様がいた。ある日のこと、三人の若者が現れ、同時にお姫様に結婚を申し込んだ。そこで、王様は、一番すばらしい品を探して戻ってきた者を娘の婿にしよう、と述べて、彼らを帰した。

三人は王宮を出て、しばらくいっしょに歩いたが、やがて十字路にさしかかったので、そこからそれぞれの道を進むことにした。同じ場所で一年後に再び会おう、と誓い合って別れたのである。

東の道を選んだ若者は、何ヶ月もまっすぐ進んでいるうちに、ある町にたどり着いた。どんな町だろうと散歩していると、街路でものを売っている子どもの声が聞こえた。

「鏡はいりませんか？　鏡はどうですか？」

ふと興味の湧《わ》いた若者は子どもに近づいて尋ねた。

「その鏡は、何か変わったところがあるのかね？」

「この鏡を使えば、世界中のどこで起きたことも見えてしまうんだ」

これを聞いた若者は、しめた、これでお姫様と結婚できる、と内心喜んだ。

そして、躊躇《ちゅうちょ》することなく、大枚をはたいて鏡を買ったのである。

北の道を選んだ若者は、やはり何ヶ月も歩き続け、別の町にたどり着いていた。街路を歩いていると、物売りの老人の声が耳に入った。

「長靴はいらんかね？　いい靴だよ」

気になった若者は、老人の方に近づいていって尋ねた。

「この大きな長靴はどこがいいんですか？」

「これを履《は》けば、どこでも好きなところへ飛んでいけるんじゃよ」

若者は、内心しめた、これで姫君と結婚できる、と思った。そして、迷わず大枚を投じて長靴を買ったのである。

西の道を進んだ若者は、やはりそのまま何ヶ月も歩き続けていたが、さらに別の町にたどり着いていた。そこで物珍しげに散歩していると、物売りの少年の声が聞こえた。

「だれかこの釘を買う人いませんか？　すばらしい釘だよ」

関心を抱いた若者は、子どもの近くまで行って尋ねた。

「いったいどこがすばらしいんだい？」

「この釘を使えば、死んだ人だって生き返らせることができるんだよ」

これを聞いた若者は、しめた、これで間違いなくお姫様と結婚できる、と心の中で喜んだ。

そして、持っていたお金をそっくり子どもに渡して釘を買った。

それから、さらに何ヶ月も経った頃、三人の若者が再会する日がやってきた。十字路に集まった若者たちは、それぞれ自慢の品を持ってきていた。

まず、鏡を手に入れた若者が、鏡を取り出してみると、何とそこに映し出されたのは、死の床に横たわっているお姫様の姿だった。そこで、長靴の若者が言った。

「なあに、すぐ駆けつけられるさ。さあ、みんなこの長靴に入ろう。靴よ、姫君の所まで運んでおくれ！」

あっと言う間に、彼らはお姫様の前に運ばれていた。だが、鏡に映っていたとおり、お姫様はもう、とうに息を引き取り、冷たくなっていた。そこで、不思議な釘を手に入れた若者が前に進み出て、お姫様の鼻に釘を差し込んだ。すると、どうだろう。たちまち、お姫様は息を吹き返し、みるみるうちに血色も良くなった。

三人の若者は大喜びした。そして、自分こそお手柄だったと主張した。

「お姫様と結婚できるのは、この僕だろうな。だって、鏡がなかったら、お姫様の様子もわからなかったんだからね」

「いや、僕の長靴がなかったら、みんなここまですぐには来られなかったんだからな。僕こそ姫君のお婿さんだ」

「いやいや、釘の力でお姫様を生き返らせたのは、僕だ。僕こそお姫様と結婚できるんだ」

こうして、三人は議論を始めたが、互いに主張を譲らず、いつ果てるとも知れなくなってしまった。これを聞いていた王様も、どうしていいのかわからなくなってしまい、結局そのまま議論を続けさせた。今でも、三人の若者は議論し続けたままだということである。

心配事のない神父

これもヨーロッパにたくさん類話がある。ヨーロッパからアメリカ大陸に運ばれ、すっかり根を下ろしてしまった昔話は、われわれが想像する以上に多いようである。

むかしむかし、あるところに、生まれてから一度も心配事のないという神父がいた。天真爛漫《てんしんらんまん》で、ほんとうに何も思い煩《わずら》うことがなかった。そこで、神父の住む家の戸口には、「ここの住人は心配事一切無し」などという張り紙がいつの間にか付けられていることもあった。

ある時、この評判が王様の耳にまで届いた。王様は大変興味を持ち、ほんとうに神父が評判どおりの人物か、自分の目で確かめたくなった。早速、家来に命じて神父をお城まで連れてこさせると、こう言った。

「よいかな。わしが三つの質問をするから、三日以内に答えを持って参れ。答えられなかったら、そちは死刑だ」

さすがに今度ばかりは、神父も青ざめてしまった。城から出てきたときには、体中が心配事の塊になったかのように、硬直していた。家に戻ったときには、昼御飯の時間になっていたが、何も喉を通らなかった。次の日になっても、神父の表情は冴えなかった。この様子を見ていた下僕《げぼく》は、たまりかねて神父に訳を尋ねた。

神父がポツリポツリと、前日突然城に呼ばれたことや王様から吹っかけられた難題について語り出すと、下僕は真剣な眼差しで聞いていたが、やがて、何を思ったか、にっこり笑って立ち上がった。

「それなら、神父様、このあっしにお任せください。何の心配もご無用です」

神父は下僕の言うことなど真に受けなかったが、下僕の方はいかにも自信ありげな様子だった。

こうして、三日目の朝になった。下僕は神父さんのように冠形に剃髪《ていはつ》すると、僧服を借りて着た。ちょうど体の格好は神父さんに似ていたので、そっくりの姿になった。

城に到着すると、すぐに王の間に呼ばれた。そして、国王夫妻や重臣たちの見守る中で、神父さんの知恵が試される時がきた。やがて、王様が重々しく口を開いた。

「準備はよいかな。第一の質問じゃ。向こうに見える山の土をかき集めたら、かご何倍分になるかな？」

「かご一杯分でございます」

「なに、たった一杯だと?」

「そのとおりでございます。陛下、あの山の土すべてを入れられるほどのかごを作るよう家来にお命じになれば、おわかりになるでしょう」

「ううむ。では、第二の質問じゃ。空にはいったいいくつ星があるのじゃ?」

「何十億、いえ、何百億、何千億という数の星があると言われているようですが、正確には、…………です」

と、いかにも自信ありげに数字を並べたが、王様も知っているわけではなかったので、一応もっともなことだと、うなずくしかなかった。

「それでは、第三の質問じゃ。今わしは何を考えているか当てることができるかな?」

「陛下は、今、神父と話しているとお考えになっているでしょう。ところが、実はここに来ていますのは、神父の下僕でございます」

こうして、神父さんは救われ、元のように心配事のない神父に戻れたということだ。

VI　この世ができてまもなく

マヤの地のはじまり

メキシコのユカタン半島には、チチエン・イッツァやウシュマルなど往時をしのばせるマヤの壮大な遺跡が残っている。マヤの人々の住む土地は、「マヤブ（Mayab）」と呼ばれ、「少ないもの、選ばれしものの地」という意味だと言われる。またユカタン半島は、「キジとシカのいる土地」という神話的なもうひとつの名称を今も持ち続けている。

遠い遠い昔のこと、神様はとても美しい土地をお造りになった。道端には色鮮やかな花が咲き、泉にはどこまでも透き通った水が湧いていた。やがて神様はそこに人間を住まわせることになさったが、同時に、キジとシカとガラガラヘビをお遣《つか》わしになった。人間たちが畑を耕し、石を積み重ねて建物を造る様子を見守るかのように、キジは青空高く飛び、シカは風のように軽快に木立の間を駆け、ガラガラヘビは甘美な音楽を奏でながら大地を這《は》っていた。これが、いつまでも人々の記憶に残ることになるマヤの地のはじまりだった。

蛍の光を見ると

夜、幾筋もの光を描きながら飛び交う蛍。蛍はあの小さな体で、どうやってあんなに鮮やかな光を放つことができるのだろう。

これは、科学的な解明ではなく、マヤに古くから伝わる蛍の話だ。


むかしむかし、マヤの地には、だれからも愛されている神様がいた。神様は緑色の小石を持っていたが、これがほんとうに不思議な石だった。神様がこれを手の平に載せておまじないをすると、どんな病気でも治ってしまうのだ。だから、マヤのあちこちから、毎日のように病人たちが訪れていた。

ある昼下がり、珍しく患者が一人も来なかったから、神様は森まで散歩し、大きな木の下で鳥たちの歌に耳を傾けていた。

どのくらい時間が経ったのだろう。いつのまにか空には黒雲が現れ、見る見るうちに暗くなってしまった。そして、急にどしゃ降りになった。

神様はあわてて家に帰った。でも、あまり急いだものだから、あの大切な緑の小石をどこかで落としてしまったのだ。

辺りは草木が生い茂っているから、いくら神様でも簡単には見つけられない。そこで、神様は森の動物たちを集めてこう頼んだ。

「大事な緑の小石を森の中でなくしてしまった。おまえたち探してくれないだろうか？見つけたものには、きっといいごほうびをあげるよ」

マヤの地を疾風《しっぷう》のごとく駆け抜けるシカは、きっと見つけられるという自信があった。そして、他の動物より先に飛び出し、密林を何時間も駆け巡っているうちに、ほんとうに緑の小石を見つけることができたのだ。でも、いざ目の前に落ちている魔法の小石を見ると、よくない考えに捕われてしまった。

「これさえあれば、どんな病気も治せるんだ。今日からはこのおれが名医になって、患者たちからたんまり治療代をいただこう」

そして、小石を飲み込んでしまった。他の動物に見つからないよう、おなかの中に隠しておこうとしたのだ。ところが、たちまちひどい腹痛に襲われたから、苦しい思いをして、小石を吐き出した。それから、「しまった、しまった」とつぶやきながら立ち去っていった。

この間に他の動物たちも緑の小石を探していた。だが、ワシやコンドルはあまり上空を飛びすぎたものだから、いつまでたっても小石を見つけられなかった。

一方、地上を元気よく跳ね回っていたのはウサギだったが、あまり勢いよくジャンプするものだから、落ちている小石は見落としていた。

こうして日が暮れる頃になると、動物たちは疲れてしまい、それぞれのねぐらへ帰っていった。しかし、暗くなってもただ一匹だけ探し続けているものがいた。何度も何度も草木の間を飛び回り、自分の記憶を丹念にたどっていたのは、蛍だった。そのうちに、蛍はどこかで緑の小石が自分の視界に入っていたことをふと思い出した。それから向きを変えてゆっくりと草の上を飛び始めた。そして、とうとうあの緑の小石を見つけたのだ。

あたり一面、真っ暗な闇の世界だったはずだが、不思議なことに蛍の動くところだけは、いつのまにか明るい光が放たれていた。

そう、これこそ神様のごほうびだったのだ。それからというもの、蛍の体は美しい光を放つようになった。蛍の光を見ると、今もマヤの動物たちはこの話を思い出すのだという。

オオハシが鳴くと

大きな嘴を持ったアマゾンの鳥オオハシは、赤・黄色・黒などの美しい羽根を持っている。このため、ブラジルの先住民たちは、オオハシの羽根をつけて祭りや儀式に臨んできた。だが、オオハシはもうひとつ重要なことで人々の暮らしと関わりがある。密林を進む途中、オオハシの鳴き声を聞くと、先住民は次のような話を思い出すのだ。

むかしむかしのこと、オオハシたちは楽しそうに木々の枝から枝へと飛び、喉が乾けば近くの川に下りて水を飲んでいた。嘴《くちばし》が大きかったから、好きなだけいつでもたっぷり水を飲めた。ある日のことだ。一羽のオオハシがいつものように川で水を飲んでいると、大きなザリガニがやってきて、オオハシの嘴をいきなり挟《はさ》んでしまった。驚いたオオハシは悲鳴を上げて相手を振り払おうとしたが、いくらもがいてもザリガニはオオハシの嘴を離そうとしなかった。それからどれだけ時間が経ったのだろう。やっとザリガニが帰っていくと、あとに残ったオオハシの嘴は先が弓なりになっていた。

これ以来、オオハシはもう川に下りて水を飲まなくなってしまったという。では、水はどうやって飲むのだろう。そう、雨が降るのを待っているのだ。早く降っておくれ、と鳴いては雨に呼びかけているのだ。だから、密林のどこかでオオハシの鳴き声が聞こえたら、雨が近いと人は思うようになったということだ。

天に昇った太陽と昇ろうとした人間たちの話

神話はさまざまなものの起源をわかりやすい形で説明してくれる。アマゾンに伝わる次の話は、動物たちがどのようにして生まれたかだけでなく、焼畑農耕の姿も写していて興味深い。

むかしむかしのこと、太陽も動物もみな地上に住んでいて、人間の姿をしていた。その頃、天と地は太くて丈夫なロープでつながれていたから、力さえあればだれでも天に昇っていくことができた。

ある日のこと、太陽はひとり天まで昇ってみたが、しばらくすると寂しくなってしまった。そこで、地上の仲間を誘ってみることにした。

最初に声を掛けられたのは将来のことをいつも気にして、そわそわ動き回っている男だった。

「今は行けないなあ。歯が痛くてたまらないんだ」

でもこれは嘘だった。彼は後で食べ物がなくなったとき困らないように、口の中にいろんなものを詰め込んでいたのだ。トウモロコシ、キャッサバ、サツマイモ、カボチャ、……と信じられないほどたくさんの植物の種を入れていた。

「じゃあ仕方がない。虫歯が治ったら天に昇ってきてくれ」

太陽の誘いはどこ吹く風で、男はそれまで口の中に隠し持っていた種をまく場所を探していた。辺りは樹木が何本も生えていたから、畑を作るには、まず木を切り倒さなければならなかった。次に枝や葉を集めて燃やし始めたが、あっちでもこっちでも山のように積み重ねてあったから、黒い煙がもくもく上がると、たちまち天に達した。それまでのんびり昼寝をしていた太陽は、ひどくむせかえりながら、目を覚ました。何事かと下界を見下ろすと、トウモロコシやらキャッサバやらありとあらゆる植物の栽培を始めた男の姿があった。

「ううん、だまされたか！」

太陽はまだときどき咳き込んでいたが、やがてその仕返しを思いついた。その頃になると、太陽はもう普通の人間ではなく、神様みたいな力を持っていたのだ。

歯痛だと言っていた男の口には、大きくて立派な二本の前歯が生えていた。絶えず何かを気にしているかのように動き回る様子は変わらないが、男の体はネズミになっていた。

そして、太陽が姿を消す時刻になると、自分が植えたトウモロコシやキャッサバやカボチャを掘り起こしたくなって、今も畑に姿を現すのだと言われている。

太陽が次に声を掛けた男は、狩が好きで、たくさんの弓と矢を持っていた。

男は太陽の誘いに快く応じて、天に昇り始めた。だが、少し昇ると身につけていた矢の束がロープに当たって動きが止まり、また昇ろうとすると同じように引っかかった。これを見ていた太陽はじりじりしてきて、とうとう我慢できなくなってしまった。

「そんなに矢が大切なら、地上にとどまった方がいい。全身おまえの好きな武器でおおわれた動物に変えてやろう」

こうして、男は体が針でおおわれたヤマアラシになってしまったのだという。

その次に太陽から声を掛けられた男も、なかなかロープの上まで進めなかった。動作が緩慢《かんまん》で、途中で景色を眺めてはぼんやり考え事をしていた。これでは天に達するのに何年かかるかわからなかった。太陽は待ちくたびれて言った。

「おまえも地上に残った方がいい。好きなようにのんびりやってくれ」

やがて、のんびり者は、何日も木につかまってじっと暮らすナマケモノに姿を変えられたという。

こんなふうに太陽は何人もの人間に声を掛けたが、いずれも天まで昇れず、そのたびにたくさんの新しい動物ができたということだ。

最初の人間たちは

人は寿命が尽きて自然な死が訪れると、その魂は太陽が出る方角に昇り、天の一角で憩うという。また、槍や矢にあたって倒れたり、事故に遭って突然死に襲われた者の魂は、天の彼方、日の沈む方角に昇っていくのだという。

ブラジルの先住民シャラナウワの言い伝えによると、最初の人間たちは不死身で、今も天の高みにある丈夫なヤシの木でできた家に暮らしている。弓矢をいくら作っても木が減ることはなく、食べるものにも困らない世界だ。

あるとき、高い山の彼方《かなた》から不思議な歌声や笑い声が聞こえてきた。これを耳にした人々は、これこそご先祖様の声に違いないと考えて、旅に出かけたそうだ。声のする辺りにたどり着くには、月の満ち欠けが何回も繰り返されるまで歩き続ける必要があった。ときにはすっかり涸《か》れた川床を何日も歩き、またあるときは生い茂る草木の中を縫うようにして、声のする方へと進んでいった。

そして、旅の一行がへとへとになったとき、とうとうご先祖様が現れたのだ。

ご先祖様はまず彼らに食べ物と飲み物を与え、ゆっくり休めるよう、ハンモックを提供してくれた。それから旅の者たちが疲れをとって、すっかり元気になったのを見ると、いろんな知恵を授けてくれた。こうして、人々は病気になったときとか、けがをしたときに効く薬草を覚えたし、毒蛇や毒蜘蛛など危険な動物から身を守る方法を教わった。もし、そのままご先祖様の教えを全部聞いていたら、今のわれわれはどれだけ賢くなっていただろう。

ある晩のことだ。いつものようにご先祖様たちは、生きていくためにどうしたらいいか、さらにいろいろ教えてくれようとしていた。ところが、ハンモックに横たわって快適な生活をすることを覚えてしまった人たちは、なんとご先祖様の話を聞きながら、皆眠ってしまったのだ。

次の朝、うなだれながら、再び長い帰途についた人間たちの姿があった。それからというもの、気分を害したご先祖様にもう教えを請《こ》うことができなくなってしまったために、人は新しい病気にかかったとき、どうしたらいいかわからなくなってしまったのだという。

バクとヒキガエルがサンダルを取り替えた話

南米北部ベネズエラの先住民ペモンの人たちは、森の動物たちをよく観察して、こんなユーモラスな話を作り出した。人間だけでなく動物たちも、生きていくために、大変な苦労をしている様子がよく伝わってくる。

むかしむかしのこと、森の動物はたいていサンダルを履《は》いていた。バクは体重が二〇〇キロか三〇〇キロもあるのに、履いていたサンダルは底が薄く、すぐにも穴が空いたり破れてしまいそうだった。これでは、水辺と森を移動するときにも不便だった。

どんな上等な靴よりも立派に見えるサンダルを履いていたのは、ヒキガエルだった。靴底のような厚みがあって、乱暴に駆け回っても、まったく傷がつきそうもない丈夫なサンダルだった。だが、困ったことに大きな音を立てる。ヒキガエルは上手に獲物をねらうのだが、捕まえたと思った途端、逃げられてしまう。サンダルの音にびっくりして、相手はひょいと身をかわしてしまうのだ。

そのため、このところヒキガエルはとてもひもじい思いをしていた。

ある日のこと、ヒキガエルが獲物を逃して悔しそうなしぐさをするのを、通りかかったバクが目撃した。

「残念だったね。サンダルの音が大きくて感づかれちゃったからね」

「ああ、そうか。何か変だと前から気になっていたけど、サンダルの音のせいか」

「ヒキガエル君は大きなお腹《なか》をしているのに、どうしてそんなにやせているのか不思議だったが、獲物が捕れないいんだね」

「うん、実を言うと、この三日間何も食べていないんだ」

「じゃあ、どうだろう。僕のサンダルと君のとを一度取り替えっこしてみないか？　僕のサンダルは軽いけど、この体では何か頼りないのだよ」

「それはいいかもしれない。ものは試しだ。早速実行に移そう」

こうして、バクはヒキガエルの、ヒキガエルはバクのサンダルを履いた。

ヒキガエルに貸してもらったサンダルは、ほんとうにしっかりした作りで、これならバクは、どんな敵が襲ってきても、逃げ切ることができそうだった。

ヒキガエルが貸してもらったサンダルは、実に軽かった。これならいくらジャンプしても、相手に気づかれないだろう。

バクもヒキガエルも新しいサンダルがすっかり気に入ってしまって、互いににっこり笑った。

「じゃあ、がんばって太るんだよ！」

バクはヒキガエルにこう言うと、しっかりした足取りで水辺の方へ去っていった。

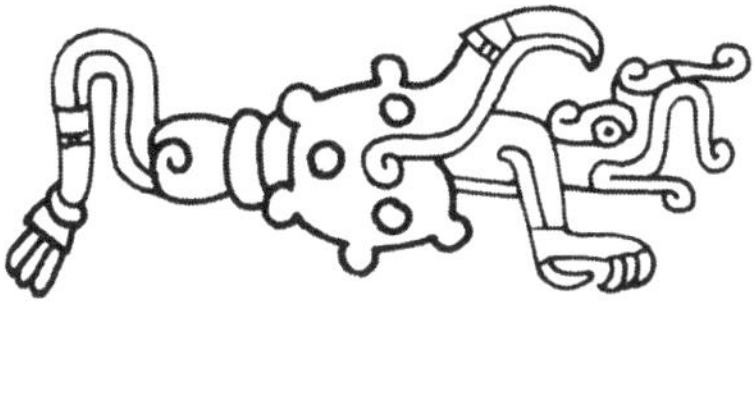

Ⅶ　動物たちの知恵くらべ

キツネとテンジクネズミ

人をだますほど賢いキツネのイメージは、日本人だけでなく、ラテンアメリカの人たちも持っているが、ラテンアメリカの昔話では、そのキツネよりさらに一枚上手の小動物たちが登場する。今回のライバルは、テンジクネズミである。


むかしむかし、アルファルファ（ムラサキウマゴヤシ）を育てているお百姓さんがいた。

ある日のこと、お百姓さんが畑に出てみると、何と、畑は荒らされ、アルファルファの葉には何者かがかじったあとがついていた。

「いったい、だれだろう。こんなことをするのは」

何か手段を講じなければならなかった。そこで彼は、畑に罠《わな》を仕掛けることにした。

こうして、数日が過ぎたが、再び畑が荒らされたあとはなかった。

「わしの作った罠は大きくて目立ちすぎたので、警戒して近づかなかったのかもしれんな」

そこで、お百姓さんは、もっと小さな罠を仕掛けておいた。

その夜、楽しい村祭りの夢を見て、いい気持ちで眠っていたお百姓さんは、甲高い声で目を覚ました。声は畑の方から聞こえていた。飛び起きたお百姓さんが行ってみると、果たして罠にかかった動物がいた。それは、テンジクネズミだった。

「うちの畑を荒らしたのはおまえだったのか。ようし、明日になったら、イモやマメといっしょに煮込んで食べてやるからな。それまで、この木にしばっておこう」

こうして、テンジクネズミは、しっかり木にくくりつけられ、身動きできなくなってしまった。さて、どうしよう、とテンジクネズミが思案しているところへ通りかかったのが、キツネだった。

「やあ、おまえ、こんなところでどうしたんだ?」

「いや、何でもないよ。ここのお百姓さんにはきれいな娘が三人いるんだけどね、おれを一番美人の娘の婿にしようとしているのさ」

「それで、ここに縛られているってわけか?」

「そうなんだ。無理やり結婚させられるってわけさ。ここじゃ、鶏をたくさん飼っているんだが、この家の者になったら、毎日鶏肉を食べさせられるんだろうな」

聞いていたキツネはいかにも羨《うらや》ましそうな表情を見せた。そこで、すかさずテンジクネズミは言った。

「どうだい、もしいやじゃなかったら、おれと入れ替わってくれないか？」

キツネはさもうれしそうに、テンジクネズミの縄をほどいてやった。すると、テンジクネズミはキツネを思いっきり固く木に縛って、さっと、どこかに姿を消してしまった。

翌朝、畑に出たお百姓さんは、びっくりした。

「こりゃあ、何だ。ゆうべはテンジクネズミだったが、さてはおまえが化けていたのか？」

そのうちにキツネも自分がだまされたことに気づき、大慌《おおあわ》てで事情を説明しながら、命乞いをした。すると、これを聞いたお百姓さんは、お腹を抱えて笑い出し、キツネの縄をほどいてやった。

それから何日かが過ぎたある日のこと、丘に出たキツネはテンジクネズミの姿を見つけた。

「この間はよくもひどい目に遭《あ》わせてくれたな。今日はたっぷりお返ししてやるからな」

テンジクネズミは慌てて近くの大岩に寄ると、こう言った。

「ああ、大変だ。この岩をしっかり支えないと、丘がひっくり返っちゃう。手を貸してくれよ」

キツネはほんとうに丘がひっくり返ってしまうと思いこみ、いっしょに岩を支えることにした。

「こんなことを続けていると疲れちゃうから、おいら、つっかい棒を探してくるよ。それまでしっかり支えていておくれ」

こう言うと、テンジクネズミはその場を離れた。キツネは真剣な表情で、力を込めて岩を支えていたが、いつまで経ってもテンジクネズミは帰ってこなかった。そのうち、疲れて我慢できなくなったので、とうとう手を離したが、岩も動かなければ、丘も静かなままだった。またしても、だまされたことに気づき、キツネは悔し涙を流した。

それから何日かが過ぎたある昼下がり、キツネは、まぶしい太陽の下でうとうとしているテンジクネズミを見つけた。今度こそ、と白い牙をむきながら、キツネは近づいていった。

ところが、これに気づいたテンジクネズミは、急に土を掘り始めながら言った。

「早く、早く！　この世の終わりが近いぞ！」

「この世の終わりだって？」

「そうさ、まもなく火の雨が降ってきて、地上の者は滅んでしまうんだ。急げ、急げ！　早く掘って隠れるんだ！」

この話を本気にしてしまったキツネも、慌てて土を掘り出し、たちまち大きな穴があいた。

「じゃあ、おれから先に隠れてもいいかな。火は苦手なんだ」

こう、キツネが言うと、テンジクネズミはいかにも友達思いであるかのように、快くうなずき、上からどんどん土をかけてやった。そして、さらに石の重しまですると、晴れ晴れした顔で遠くへ去っていったとさ。

キツネおばさんと魚

昔話には動物がよく描かれているが、その考えることも、しぐさも、行動パターンも、人間たちのすることをそっくり写している。ベネズエラの昔話のキツネおばさんは、ほんとうにどこにでもいそうなちゃっかり者である。

ある朝、キツネおじさんはいつものように森を散歩していた。そして、森の中を流れている川の近くまで来て、ふと見ると、たくさんの魚が泳いでいた。

「しめしめ、今日はたくさん泳いでいるぞ。これなら、きっと捕まえられる」

キツネおじさんは川にはいると、夢中で魚を捕まえた。お腹も空いていたから、なるべくおいしそうな見事な魚を探し、三匹捕まえた。そして、得意満面で、家に帰ったのだ。

「ただいま、今日はついていた、ほんとうに運が良かったよ」

「あら、どうなさったの。まあ、大きなお魚！」

キツネおばさんは、ご主人の持ってきた魚を見て、もう舌なめずりしていた。

「でっかいだろう。おれたち、一匹ずつ食べても一匹余る。どうだ、ジャガーさんを昼御飯に招待しないか？　たまには、あのお方の機嫌を取るのも悪くないと思うんだが」

「あなたの好きなようになさるといいわ。じゃあ、早速これから魚を料理しますね。きっと、おいしいフライができますわ」

こうして、キツネおじさんはにこにこしながら、ジャガーさんを呼びに出かけた。

一方、家では、キツネおばさんの料理が始まっていた。魚に衣をつけて油で揚げると、家中においしそうな匂いが漂った。キツネおばさんもお腹が空いていたから、とても我慢できなくなってきた。

「塩加減がいいか、ちょっと試食してみようかな。自分だけ先に食べるのはよくないけど、私の分を食べるのなら構わないわ。ほんの一口だけね」

キツネおばさんはつまみ食いを始めたんだが、あんまりおいしいものだから、一口が二口になり、そして、……そう、自分の魚をすっかり平らげてしまったのだ。

「ああ、おいしかった。主人の魚もちょっと味見してみようかしら。だって、あの人ったらデリケートで、中までしっかり熱が通っていないと怒ってしまうもの」

キツネおばさんは、最初遠慮がちに尻尾だけ食べたが、やがてヒレを食べ、頭を食べ、気がついたときには、キツネおじさんが食べるはずの魚がなくなっていた。

「あら、どうしましょう。一匹だけになっちゃったわ。でも、こうなったら構わないわ。

残った分も食べちゃおうっと」

そして、魚はあっと言う間にキツネおばさんの胃袋に収まってしまった。

それからしばらくすると、ジャガーさんを連れてキツネおじさんが帰ってきた。

「食事の支度はできたかな？」

「ええ、もちろんですとも。お魚が冷めないようにまだとろ火にかけてありますわ」

「じゃあ、早速食卓に並べてくれ。おれたちは腹ぺこなんだ。ジャガーさん、そうですよねえ」

「そうですとも。この食欲をそそる匂い、たまらないですなあ」

「すぐ、用意しますわ。どうぞ、ジャガーさん、そこにお掛けになってください」

ジャガーが腰掛けると、キツネおばさんはご主人を手招きして、そうっと言った。

「ねえ、庭に行って、ナイフを研《と》いできてくださいな。どうも魚が堅いようなの」

しばらくすると、キツネおじさんが庭でナイフを研ぐ音が聞こえてきた。すると、キツネおばさんはジャガーさんにこう耳打ちした。

「ほら、聞こえますでしょう？　実は、うちの人、変な趣味があって、前からあなたの耳を食べたくなっていたんですのよ。今日、お連れしたのもそのためです。ですから、今のうちに早く逃げてください」

ジャガーさんはびっくりしてしまった。そして、何も言わず、後を振り向かずに駆け出した。

それから、キツネおばさんはご主人を呼ぶと、こう言った。

「あなた、大変！　早く来てちょうだい！　ジャガーさんがお魚を全部持っていっちゃったわ」

キツネおじさんは、ナイフを持ったまま、ジャガーさんの後を追いかけた。

「ジャガーさん、待ってくださいよう！　せめてひとつだけでも渡してくださいよう！」

これを聞いたジャガーさんは、自分の耳のことを言っていると思い、ますます恐ろしくなって、スピードを上げ、自分の家まで逃げ帰ったんだとさ。

カイマンの太鼓

犬というとどんなイメージが思い浮かぶだろう。忠実で知恵がある動物、人間とのつきあいが長い、……

これはとても賢い、いやずる賢いと言った方がいい犬が出てくる話であるが、犬もカイマン（中南米の熱帯に生息するワニ）も音楽が三度の飯より好きで、いかにもキューバらしい設定になっている。

むかしむかし、カリブ海の島国キューバに、とてもうぬぼれ屋のカイマンがいた。自分はもともとハンサムな上に、いつも爪《つめ》を研《と》いで身なりを小奇麗にしているし、太鼓の演奏だっておれ様の右に出るものはいないさ、なんて思っていたのだ。

ある日、川の岸辺でいつものように太鼓を叩きながら、気持ちよさそうに体を動かしていると、そこへ犬が一匹通りかかった。

犬はしばらくカイマンの演奏に聞きほれている様子だったが、やがてぱっと明るい表情になると、こう言った。

「ねえ、僕にもその太鼓を叩かせてくれない？　前から一度演奏してみたかったんだ」

「そうか、貸してもいいが、ちょっとだけだぞ」

犬はさもうれしそうに太鼓を受け取ると、尻尾でリズムを取りながら演奏し始めた。するとどうだろう。なかなか上手にできるじゃないか。カイマンの太鼓は不思議な力があるのか、思っていたよりずっと良い音が出た。

驚いたカイマンは「もう返してくれよ」と言ったが、犬は「もうちょっとだけ、あと一回だけ」を繰り返しながら、そのまま演奏し続けた。

これはほんとうに魔法の太鼓かもしれなかった。まるで演奏者の気持ちと体のリズムを理解しているかのように、叩けば叩くほど快い音を出してくれるのだから。

自分より上手になり始めた犬の演奏を聴くうちに、カイマンはたまらなくなって叫んだ。

「いい加減に返してくれよ。もういいだろう」

だが、犬はそんな声にはおかまいなしで、太鼓を鳴らしながら踊り出すと、どんどん川岸を離れて、町の方へ行ってしまった。

カイマンは真っ青になったが、後の祭だった。

それから犬はどうなったかって？　たちまち町の人気者さ。犬の演奏を聴いて、あちこちからいろんな動物が集まってきたが、みんな腰を振ったり、尻尾を動かしたりして踊り出し、まるでカーニバルが始まったかのようだった。

お祭りでもないのにお祭り、祝日でもないのに祝日みたいな気分になってしまったのだ。それからというもの、何かと言うと、名演奏家の犬が町の行事に呼ばれるようになった。いや、それだけじゃない。市長までがこのうわさを聞いて、今度のパレードの演奏はぜひ犬に頼みたいなんて言い出したそうだ。

あのカイマンが悔しがったのは言うまでもない。何度も太鼓を取り戻そうとしたんだが、けっきょくいつも犬に逃げられてしまい、とうとうあきらめて新しい太鼓を買うことにした。ところがどうだろう。いくら叩いても、前の太鼓のようないい響きが聴かれない。あれは、ほんとうに不思議な力を持った太鼓だったのだろうか？

とにかくそれ以来、カイマンはしょんぼり川辺に身を横たえ、かつて名演奏家と言われた自分の姿を懐かしむようになったそうだ。

ウサギの活躍

アメリカ大陸では、いたずらなウサギが活躍する話が多い。体が小さく、力もないウサギは、思い切り背伸びして、自分の能力を出し切ることでしか、他の動物に太刀打ちできない。難題を前にしてもあわてず、ときには狡猾に振るまい、ときには茶目っ気たっぷりに返答する。ウサギが登場する昔話がこれほどたくさん語られ、伝えられてきたのは、人々がウサギの姿に自分たちの姿を重ね合わせ、こんなふうに行動できたら……という夢を見ることができたからだろう。

ウサギがいつものように野を駆けていると、ある日、トウモロコシが生えている場所に偶然出た。

「これはいい。大事に育ててトウモロコシ畑を作ろう」

その日からウサギは熱心にトウモロコシの世話をするようになった。

こうして、ウサギはトウモロコシを収穫することができたが、その年は食べるものがなくて困っている動物もいた。

ある日、ゴキブリがウサギの家を訪ねてきた。

「ウサギさん、トウモロコシを少し分けてくれませんか？」

ウサギは窓の外を眺めながらちょっと考えていたが、やがてこう答えた。

「うん、いいけど、もうすぐ鶏のおばさんが来るから早く隠れて！」

しばらくすると、ほんとうに鶏がやって来た。

「ウサギさん、こんにちは。トウモロコシが余っていたら、分けてくれませんか？」

ウサギはまた窓の外を眺めながらちょっと考えていたが、やがてこう言った。

「うん、いいけど、台所の隅にも何かあるようだよ」

鶏はお腹が空いていたから、さっそく台所へ行き、ゴキブリを見つけると食べてしまった。

すると、それを見ていたウサギが叫んだ。

「大変だ、早く隠れて！　もうすぐコヨーテのじいさんが来る！」

しばらくすると、ほんとうにコヨーテがやって来た。

「ウサギどん、こんちは。トウモロコシをちょっぴり分けてもらえんかな？」

ウサギはまた窓の外を眺めながらちょっと考えていたが、やがてこう言った。

「ええ、かまいませんが、台所のかごの下にもなにかあるようですよ」

ココーテは朝から何も食べていなかったから、早速台所に行き、かごの下に隠れていた鶏を食べてしまった。

すると、それを見ていたウサギが叫んだ。

「大変だ、早く隠れて！　もうすぐジャガーの旦那がやって来る！」

しばらくすると、ほんとうにジャガーが現れた。

「やあ、ウサギ、元気か？　今日は腹が減っているんだがトウモロコシを分けてくれないか？」

ウサギはまた窓の外を眺めながらちょっと考えていたが、やがてこう言った。

「ええ、もちろんかまいませんが、台所の奥の貯蔵庫にも何かあるようですよ」

ジャガーは早速台所に行き、貯蔵庫に隠れていたココーテを見つけると、食べてしまった。

すると、それを見ていたウサギが叫んだ。

「大変だ、早く隠れて！　もうすぐ鉄砲を持った猟師がやって来る！」

しばらくすると、ほんとうに猟師が現れた。

「やあ、ウサギ君。トウモロコシの出来がいいそうだが、少し分けてくれないか？」

ウサギはちょっと考えていたが、やがてこう言った。

「もちろん、いいですとも。でもその前に、うちのバルコニーを見てくれませんか？　何かいるようですよ」

猟師はそっとバルコニーをのぞき、隠れているジャガーを見つけると、銃で仕留めてしまった。

すると、それを見ていたウサギが言った。

「では、トウモロコシ畑に行きましょう」

ウサギと猟師が歩いていくと、途中で川が流れているところに出たが、幸い橋がかかっていた。しかし、よく見ると、木の橋は半ば腐っていて、今にも落ちてしまいそうだった。

「まず、僕から渡りますね。用心しないと落ちるかもしれませんからね」

こう言うと、ウサギは身軽にぴょんぴょん飛び跳ねて渡ってしまった。

それを見ていた猟師は、なあに大丈夫さ、と気にせず、のっしのっし渡ったものだから、真中まで来たところで、橋が突然真っ二つにわれ、そのまま川に落ちてしまったとさ。

Ⅷ

謎はとけるだろうか？

この章では、クイズに挑戦してみよう！

太陽と月

まだ太陽も月もなかったころ、地上を照らす光が必要だということになり、神様たちが集まって会議を開いた。

そして、相談がまとまり、選ばれた神様が自ら天体となったが、また別の神様も志願して、輝く天体となった。その結果、空には二つ同じように明るい天体が生まれてしまったのである。

そこで、何とか区別する方法はないものかと、神様たちは考え始めた。なかなかいい解決策が出なかったが、近くにウサギがいるのにふと気づいた神様が、「よし、こうしよう」と叫んだ。その神様はウサギを手に取ると、みんなが見守る中、自分の計画を実行に移した。

こうして、二つの天体は、だれもがすぐ見分けられる太陽と月になったのである。

いったい、この神様はウサギをどのように使ったのだろうか？

ウサギの願い

ウサギは、もっと大きな体をしていたら、他の動物たちが近づいてきてもびくびくせずにすむのに……と思っていた。

そこである日、神様に、何とかしてくださいとお願いしてみた。

話を聞いた神様は、腕組みをしてしばらく考え込んでいたが、とても実行不可能と思える難題を出した。ワシの羽根、ヘビの卵、ジャガーの牙を取ってきたら、願いをかなえてやろうと言ったのである。

ところが、知恵のあるウサギは、ワシもヘビもジャガーもまんまとだまし、欲しいものを手に入れて戻ってきた。

さあ、困ったのは神様だ。こんなに頭の切れる動物に立派な体を与えたら、どんな恐ろしい動物になるかわからない。そこで神様は、ウサギの体のある部分だけに手を加え、ウサギの願望を満たしてやることにした。

そして、地面に映った自分の影を見たとき、確かにウサギは喜んだのである。
さて、神様はどんなことをしたのだろうか？

ウサギとカエル

『イソップ寓話集』の中の「ウサギとカメ」の話はあまりにも有名だが、これとよく似た話はラテンアメリカにもたくさんある。

エクアドルでは、登場する動物がウサギとカエルになっている。

ある日、ウサギがカエルにこんな提案をした。

「ねえ、カエル君、君も僕もぴょんぴょん跳ぶのが得意だが、いったいどっちが速く走れるか競争してみないか？」

「ああ、いいとも」

とカエルは元気よく応じてしまったが、内心とても不安だった。とてもウサギの足について行けないことがわかっていた。そこで、家に帰ると、親、兄弟、親戚みんなを集めて相談を始めた。そして、これなら勝てるという妙案が浮かんだのである。

駆けくらべの日、ウサギとカエルはスタートラインにつくと、同時にスタートした。しかし、ほんの数メートルも進まないうちに、ウサギはもう自分の方が断然リードしているのがわかっていたから、脇見を始めた。途中の景色をゆっくり楽しみながら走っても大丈夫だと思ったのである。

そして、ふと前方を見ると、何とカエルが先を走っていた。すぐ追い越してまた脇見をすると、カエルに追い抜かれてしまう。

こんなことを繰り返しているうちに、ゴールが近づき、あせったウサギはついにカエルに負けてしまった。

いったい、カエルはどんな作戦を用いたのだろう？

ウシュマルのスーパーちびっ子

むかしむかし、ウシュマルという町のはずれに、魔法使いのおばあさんが独りで暮らしていたが、だんだん年を取ってきたので心細くなり、跡取りが欲しくなった。そこで、山の妖精たちのところから卵をもらってきて、大事に何日か温めていると、何と男の子が出てきた。

不思議な力を持った子で、生まれたときからもう言葉が話せた。そして、おばあさんのすることを何でもよく観察し、覚えてしまった。おばあさんがかまどの石の下に何かを隠していることに気づくにも、さほど時間はかからなかった。

ある日のこと、男の子は水がめの底に小さな穴をあけておいた。いつものように、おばあさんは水がめを持って近所の井戸まで水を汲みに出かけたが、その日に限って水を汲むのに時間がかかってしまった。その間に男の子はかまどの石を持ち上げ、隠してあった魔法の鐘と杖を見つけたのである。

男の子は興味津々《しんしん》だったから、杖を持つと鐘を叩いてみた。その途端、雷でも落ちたようなすさまじい音がした。その音は、ウシュマルの町中に響き、お城でのんびり昼寝をしていた王様までびっくりして跳ね起きたのである。

実は、昔からウシュマルにはある言い伝えがあった。ある日、だれの耳にも届く大きな鐘の音が鳴り響いたとき、王が交代し、新しい時代を迎えるだろうと言われていた。王様はこの予言を知っていたから身震いしたが、すぐ家来を呼ぶと、「鐘を鳴らした者を捜して参れ」と命じた。

こうして、男の子がお城に連れてこられると、王様は言った。

「予言によると、そちがわしに代わって王の座につくということだが、ほんとうに王になる資格があるかどうか試さねばならぬ。これから三日間、毎日一つずつ問題を出そう。三つの試練すべてにパスできたら王として認めよう」

王様は男の子を城の外に案内しながら言った。

「この城の隣には城よりも高い大きな木があるが、いったいこの木に実はいくつなっているか答えてみよ」

男の子はしばらく古い大木を見上げていたが、やがてこう答えた。

「一〇万の一〇倍と、六〇の二倍、それに三の三倍を足しただけです。もしお疑いでしたら、王様がこの木に登って一つずつ数えてください」

王様は、当てずっぽうで答えたと思ったが、そのとき突然フクロウが飛び出し、「王様、ほんとうですよ」と耳元でささやいたものだから、何も言えなくなってしまった。

次の日、再び男の子を迎えた王様は言った。

「では、ここに立つのだ。頭上から木の実を落とすからじっと耐えているのだ」

王様が合図すると、家来は手筈《てはず》どおり高い木に上り、上から硬いヤシの実を落とし始めた。ひとつまたひとつと、爆弾のようにヤシの実が落ちてきたが、男の子は平気な顔をしていた。こんなこともあろうかと、おばあさんが魔法のヘルメットを用意し、だれにもわからないよう、男の子の頭に載せておいたのだ。

三日目になった。赤々と燃える火を前にして、王様は言った。

「これからそれぞれ自分の像を造って、この火の中に入れよう。王になるのにふさわしければ、火も敬意を表してくれるだろう。では、わしからじゃ」

王様はまず像を彫りやすい木を選んだが、火の中に置くと、たちまち燃え尽きてしまった。くやしそうな表情を浮かべて、王様は言った。

「ううん、もう一度造らせてくれ」

今度は石を選んで自分の姿を刻んだ。しかし、火の中に投じると、黒く焦げ、深く彫りすぎたところは、もろくなって欠けてしまった。

「最後にもう一回だけじゃ」

王様は歯ぎしりしながら言った。

今度はぴかぴか光る金属板を持ち出して自分の像を造ったが、火の中に入れると、かなりの高温になっていたと思われ、まるでろうそくのように溶けてしまった。

これを見ていた男の子は、「王様、今度は僕にやらせてください」と自信ありげに言った。そして、造った像を火に入れるとますます美しくなり、見ていた者たちは、これこそ王にふさわしい作品だと思わず感嘆の声を上げたのである。

さて、男の子はどんな材料を使ったのだろうか？

持参金も相続する財産もなく

一八世紀半ばを過ぎたペルーのリマで、変わった結婚式が挙行された。花嫁の父はリマ市でも屈指の富豪だったが、花嫁には全く持参金がないばかりか、花嫁道具もひとつもなかった。文字どおり、花嫁衣裳一着のみが彼女の全財産だったのである。

いったい、どうしてこのようになってしまったのだろうか。ことの起こりは次のようなものだった。

町の守護聖人サンタ・ロサのお祭りが、その年も盛大に催されていた。そのころ、スペインのマドリードからペルーにやってきたばかりの青年、ルイス・アルカーサルは、祭りの行列の中に、美しく着飾ったマルガリータの姿を見て、一目ぼれしてしまった。一方、マルガリータの方も、凛々《りり》しいルイスの顔つきが目に焼き付き、その日から忘れられなくなってしまった。その後二人は、家族に気づかれないよう逢瀬《おうせ》を重ね、互いの気持ちを確かめ合ったが、やがて、思わぬ障害にぶつかることになった。

新大陸に渡ってきて日も浅く、これという仕事もしていなかったルイスは、後見人の叔父が金持ちだとはいえ、まだ貧しい男にすぎなかった。そのため、マルガリータの父親は、結婚を申し込んだルイスを玄関払いにしてしまったのである。

ルイスの方はさすがに自分の軽率さを恥じ、出直すことを考えたが、マルガリータの方は、父親のあまりにも冷淡な態度に、愕然《がくぜん》とした。それ以来無口になり、日に日に衰弱していった。

これを見て驚いたのが、彼女の父親であった。大事な娘にもしものことがあっては大変と、ある日、腹を決めると、ルイスの叔父の家に向かった。

事情を話して、ぜひ明日にでも二人を結婚させてくれと頼んだが、今度はルイスの叔父の方が、首を縦に振らなかった。自慢の甥《おい》に対する仕打ちを知っているだけに、応じるわけにはいかないと、きっぱり断ったのである。

互いに意地を通そうとする両者の間で、話がもつれにもつれ、口論が続いたところへ、ルイスが入り、何とか結婚の約束がまとまった。しかし、まだ気持ちが治まらないルイスの叔父は、ある条件をつけた。

その条件とは、花嫁が花嫁道具も持参金も何も持たずに嫁ぐこと、また結婚した後も、実家からの経済的援助は一切受けず、遺産も相続しない、というものであった。リマの名士であった父親は、当然難色を示したが、相手の頑《かたく》なな態度に折れるしかなかった。

こうして、ルイスとマルガリータは、晴れて夫婦になれたのだが、それでも娘がかわいい父親は、上の条件をくぐり抜けて娘に財産を持たせることを思いついた。どのような方法を用いたのだろうか？

だれだろう

ある日のこと、お母さんは料理を作っていた。まず、水とシナモンと砂糖を入れた鍋を火にかけて沸騰させ、よく挽《ひ》いたトウモロコシの粉を中に入れた。あとはトウモロコシの粉が固まらないように、ときどきかき混ぜてやればよかった。

これはアトーレと呼ばれる飲み物で、水の代わりに牛乳を使う人も多い。しばらくすると、ぐらぐら煮え立ち、中身がだんだん濃くなっていった。お母さんは水が少し足りないことに気づいたが、今、鍋のそばを離れるわけにもいかないから、娘を呼んだ。

「ローサ、井戸の水を汲んできてちょうだい。なるべく急いでね」

ローサはバケツを持って外に出たが、ちょっと歩いたところに大きな梅の木があって、立派な実がなっているのが目に入った。そこでバケツを地面に置くと、木に登り出した。

お母さんは娘の帰りを待っていたが、なかなか戻ってこないので、ペドロを呼んで言った。

「ねえ、井戸の水を汲んできてちょうだい。急いでね」

ペドロはバケツを持って外に出たが、ちょっと歩いたところの大きな梅の木が目に入った。見ると、妹が枝に腰掛けて、おいしそうにリンゴの実をかじっているではないか。

「おいしそうだな」

「兄さんも登っていらっしゃいよ」

ペドロはバケツを置いて、梅の木に登り始めた。

家では、お母さんがいらいらしながら子どもたちの帰りを待っていたが、とうとう辛抱し切れなくなって、お父さんを呼んだ。

「ねえ、井戸の水を汲んできてくださいな。大至急ね」

お父さんはバケツを持って外に出た。

しばらく進むと、大きな木が目に入った。よく見ると、子どもたちがおいしそうにリンゴを頬張っているではないか。

「うまそうだな。父さんにもひとつ投げてくれないか？」

「父さんも登って来て、いっしょに食べたらいいよ」

「そうだな」

お父さんはバケツを置くと、木に登り始めた。

家ではお母さんが鍋をのぞき込みながら待っていたが、とうとうあきらめて外に出た。

しばらく進むと、大きな梅の木が目に入ったが、何と自分の夫も子どもも枝にまたがって、
おいしそうにリンゴを食べているではないか。

「おいしそうね」

「母さんも登って、いっしょに食べようよ」

「そうね」

お母さんも木に登って実をもぎ取ろうとしたが、その途端、枝がたわんで、ポキッという音がした。

四人はしっかり枝につかまっていたが、果たして一番最初に落ちたのはだれだったかな？

クイズの答

太陽と月

神様はウサギをつかむと、一方の天体めがけて思い切り投げた。その結果、ウサギの到着した方は、くすんだ色の天体、月になり、明るい太陽と区別ができるようになった。また、それ以来、太陽と月はそれぞれの仕方で運行するようになったという。古代メキシコ人は、月の中にウサギの像を見ていたのだ。

ウサギの願い

神様はウサギの耳を引っ張った。これで、ウサギは前よりずっと体が大きくなったように見えたのである。メキシコ、キューバなど、ラテンアメリカのあちこちにこの話が伝わっている。

ウサギとカエル

カエルは仲間が自分とそっくりの姿形をしていることを利用して、走路のあちこちに立たせておいたのである。これで、ウサギはいつまで走っても、常にカエルが前にいることになり、負けたと錯覚してしまった。

ウシュマルのスーパーちびっ子

焼き物をこしらえるのに適した粘土を使ったのである。これで、火に入れる前より、ずっといい色が出、しっかりした仕上がりになった。

持参金も相続する財産もなく

「花嫁衣裳一着のみが彼女の全財産だった」のだから、高価な宝石をいくつも縫い付け、この上なく豪華な衣装に身を包めるようにしてやったのである。

だれだろう

梅の木にリンゴの実はならないので、この話を最後まで信じて読んでしまった人が、「話の罠《わな》に落ちた」

あとがき——「七色に輝く馬」を待ちながら

ドミニカ共和国をはじめ、ラテンアメリカのあちこちには、「七色に輝く馬」という昔話がある。もともとヨーロッパの昔話として語り伝えられていたものが、アメリカ大陸に運ばれ、移植されたものである。

ドイツなら、リンゴ畑の実が毎晩何者かによって盗まれてしまうので、三人兄弟が順番に寝ずの番をする、という設定になっている。これが、ラテンアメリカではジャガイモ畑になっていたり、トウモロコシ畑になっているが、ストーリーの展開はほとんど同じである。

長男がまず出かけていくが、眠気に勝てず、一瞬うとうとすると、もう畑の実はいくつか食べられてしまったあとである。気がついたときには、泥棒の姿さえ見えない。

次の晩は、次男が出かけていくが、やはり、ちょっと油断して眠ったすきに、畑の実は食べられてしまう。前の晩同様、犯人は捕まえられずに終わってしまう。

そして、三日目の晩、睡魔に勝てた末っ子が、畑を荒らすものは何か自分の目で確かめ、捕まえることに成功するのである。

畑の作物を盗む泥棒の正体は、天から降り立つ乙女である場合もあるし、鳥の場合もあるが、多いのが七色に輝く馬である。

この「七色に輝く馬」という設定が、何ともメルヘンの世界のようであり、話を聴いている者、読んでいる者に夢を与えてくれる。泥棒を捕まえるところで終わるのは現実の世界の話だが、昔話では、「七色に輝く馬」が登場したところからもうひとつの話が始まるのだ。

「七色に輝く馬」は畑を荒らした罪を許してもらう代わりに、男の子を不思議な冒険に誘ってくれる。この馬は地を駆けるだけでなく、空をも駆ける馬、自由自在にどこへでも飛んでいく力を持っている。可能性を無限に広げてくれるのだ。男の子は、自分の強い意思で眠いのをこらえて待ち続けたからこそ、「七色に輝く馬」に出会えたのである。それは、ちょうど眠くてたまらないのをがまんして、お話に耳を傾ける子どもたちの姿と重なる。あるいは、眠い目をこすりながら、最後まで夢中で本を読んでしまう子どもの姿と。

「七色に輝く馬」はだれのもとへもやって来るのだ。ギャロップで来るのか、ビデオのスローモーションのように訪れるのか、さまざまな駆け方があるだろうが、いずれにしても、忍耐強く待っていれば、「七色に輝く馬」は私たちの中に想像力の大きな翼を広げてくれる。

「七色に輝く馬」は、書物のページの間から駆けてくることもあるはずである。インクの匂いがしそうな新しいページから飛び出ることもあるかもしれないし、すっかり変色し、あちこち染みのついたページからゆっくり出てくることもあるだろう。
そういう筆者も、何年も前に訪れたラテンアメリカのさまざまな風景や人々の顔、語り口を思い出しながら、本の埃を払い、「七色に輝く馬」が訪れてくれるのを待っているのである。

＊　＊　＊

前作『中南米伝説の旅』を上梓してから、九年の歳月が流れてしまった。アメリカ大陸の森には、木の枝にぶら下がったまま、何時間もじっとしているナマケモノが生息しているが、そのナマケモノさえあきれ返ってしまいそうな遅筆である。それでも、辛抱強く原稿を待ち続けてくださった花伝社平田勝社長に心からお礼を申し上げる。そして、ときどき筆者のことを思い出して叱咤激励してくださった方々にも、改めて感謝の気持ちを表したい。

二〇〇〇年　春

松下直弘

天に昇った太陽と昇ろうとした人間たちの話
Jordana Laguna, José Luis, *Leyendas amazónicas,* México, Gondomar,1986.
最初の人間たちは
Jordana Laguna, José Luis, *Leyendas amazónicas,* México, Gondomar,1986.
バクとヒキガエルがサンダルを取り替えた話
Armellada, Fray Cesáreo de, *Cuentos y no cuentos,* Caracas, Universidad Católica Andrés Bello, 1988.
キツネとテンジクネズミ
Cuentos de enredos y travesuras, São Paulo, Coedición Latinoamericana, 1986.
キツネおばさんと魚
Cuentos de enredos y travesuras, São Paulo, Coedición Latinoamericana, 1986.
カイマンの太鼓
Loya, Olga, *Momentos mágicos,* Little Rock, August House, Inc., 1997.
Bueno, Salvador, *Leyendas cubanas,* La Habana, Letras Cubanas, 1996.
ウサギの活躍
Dzul Chablé, Irene y otros, *Cuentos mayas tradicionales,* México, Instituto Nacional Indigenista, 1994.
太陽と月
El perro, el coyote y otros cuentos mexicanos, Palma de Mallorca, José J. de Olañeta, 1993.
ウサギの願い
El perro, el coyote y otros cuentos mexicanos, Palma de Mallorca, José J. de Olañeta, 1993.
Bueno, Salvador, *Leyendas cubanas,* La Habana, Letras Cubanas, 1996.
ウサギとカエル
Bravo-Villasante, Carmen, *Cuentos populares de Iberoamérica,* Madrid, ICI, 1984.
ウシュマルのスーパーちびっ子
Mediz Bolio, Antonio, *La tierra del faisán y del venado,* México, SEP, 1987.
持参金も相続する財産もなく
Palma,Ricardo, *Tradiciones peruanas,* México, Porrúa, 1991.
だれだろう
Así cuentan y juegan en el Sur de Jalisco, México, CONAFE, 1989.

悪魔の姑
Martínez, Paulina, *Cuentos y leyendas de Argentina y América,* Buenos Aires, Alfaguara,1997.
ペドロ・デ・ウルデマレス
Sherman, Josepha, *Trickster Tales: Forty Folk Stories from Around the World,* Little Rock, August House Inc., 1996.
天国にやって来たフワン
The Best of Texas Folk and Folklore 1914-1954, Denton, University of North Texas Press, 1988.
悪魔の恩返し
Los descendientes del Sol y otras leyendas de América, Barcelona, Labor, 1986.
ココヤシの木の下で
Romero, Silvio, *El galápago, el caimán y otros cuentos populares brasileños,* Palma de Mallorca, José J. de Olañeta, 1993.
聖クリストバルの羊
Potter, Robert R., y Robinson, H. Alan, *Mitos y leyendas del mundo,* México, Publicaciones Cultural, 1998.
水で得たもの水で失う
Dzul Poot, Domingo, *Leyendas mayas,* México, Editorial Patria, 1987.
カエルと三人の兄弟
El perro, el coyote y otros cuentos mexicanos, Palma de Mallorca, José J. de Olañeta, 1993.
大男との知恵くらべ
Cuentos de enredos y travesuras, São Paulo, Coedición Latinoamericana, 1986.
占い師にさせられてしまった老人の話
Romero, Silvio, *El galápago, el caimán y otros cuentos populares brasileños,* Palma de Mallorca, José J. de Olañeta, 1993.
三人の若者
Romero, Silvio, *El galápago, el caimán y otros cuentos populares brasileños,* Palma de Mallorca, José J. de Olañeta, 1993.
心配事のない神父
Romero, Silvio, *El galápago, el caimán y otros cuentos populares brasileños,* Palma de Mallorca, José J. de Olañeta, 1993.
マヤの地のはじまり
Leyendas mayas, México, CONAFE, 1995.
蛍の光を見ると
Leyendas mayas, México, CONAFE, 1995.
オオハシが鳴くと
Jordana Laguna, José Luis, *Leyendas amazónicas,* México, Gondomar,1986.

ゆかいな男と女・出典一覧

愚かで賢いマイチャクの物語

Cuentos, mitos y leyendas para niños de América Latina, São Paulo, Coedición Latinoamericana, 1981.

Cora, María Manuela de, *Kuai-Mare: mitos aborígenes de Venezuela,* Caracas, Monte Avila, 1972.

魔法の杖

Así cuentan y juegan en Los Altos de Jalisco, México, CONAFE,1989.

帽子男の涙

Cuentos de espantos y aparecidos, São Paulo, Coedición Latinoamericana, 1984.

Loya, Olga, *Momentos mágicos,* Little Rock, August House, Inc., 1997.

お手伝いの得意な小人たち

Así cuentan y juegan en el Sur de Jalisco, México, CONAFE, 1989.

姿を消していく小人たち

Así cuentan y juegan en el Sur de Jalisco, México, CONAFE, 1989.

イナゴの大群

Martínez, Paulina, *Cuentos y leyendas de Argentina y América,* Buenos Aires, Alfaguara,1997.

オルメド街の謎

Riva Palacio, Vicente, y Peza, Juan de Dios, *Tradiciones y leyendas mexicanas,* México, UNAM, 1996.

マニラからメキシコへ、メキシコからマニラへ

González Obregón, Luis, *Las calles de México,* México, Porrúa, 1988.

コルドバの女

González Obregón, Luis, *Las calles de México,* México, Porrúa, 1988.

Valle-Arizpe, Artemio de, *Historia, tradiciones y leyendas de calles de México,* México, Diana, 1985.

インカの金細工師

Walschburger, Ute Bergdolt de, *Leyendas de nuestra América,* Bogotá, Norma, 1991.

豚を買った奥さん

Costal de versos y cuentos, México, CONAFE, 1988.

強情なおかみさん

Martínez, Paulina, *Cuentos y leyendas de Argentina y América,* Buenos Aires, Alfaguara,1997.

主導権を握っているのはどちら

Chertudi, Susana, *Juan Soldao: Cuentos folklóricos de la Argentina,* Buenos Aires, Biblos, 1994.

松下直弘（まつした・なおひろ）

1953年　愛知県に生まれる
1975年　上智大学外国語学部卒業
1976～77年　メキシコに留学
1978年　上智大学大学院修士課程修了
1978～80年　スペインに留学
1987～90年　NHKラジオスペイン語講座講師
現在　拓殖大学外国語学部教授

著書　『中南米伝説の旅』（花伝社）
訳書　メンドサ『奇蹟の都市』（共訳、国書刊行会）など。

ゆかいな男と女 ――ラテンアメリカ民話選――

2000年5月25日　初版第1刷発行

著者 ―― 松下直弘
発行者 ―― 平田　勝
発行 ―― 花伝社
発売 ―― 共栄書房
〒101-0065　東京都千代田区西神田2-7-6 川合ビル
電話　03-3263-3813
FAX　03-3239-8272
E-mail　kadensha@muf.biglobe.ne.jp
振替 ―― 00140-6-59661
装幀 ―― 天野　誠
カバー絵 ― 吉間ユカリ
印刷 ―― 中央精版印刷株式会社

ISBN4-7634-0355-9　C0098